엄마의 이별 방정식

엄마의 이별 방정식

초판 1쇄 발행 2022년 10월 31일
2쇄 발행 2023년 1월 2일

지은이 허옥희
펴낸이 장길수
펴낸곳 지식과감성#
출판등록 제2012-000081호

교정 한장희
디자인 김찬휘
편집 김찬휘
검수 서은영, 이현
마케팅 정연우

주소 서울시 금천구 벚꽃로298 대륭포스트타워6차 1212호
전화 070-4651-3730~4
팩스 070-4325-7006
이메일 ksbookup@naver.com
홈페이지 www.knsbookup.com

ISBN 979-11-392-0727-9(03810)
값 12,500원

지식과감성#
홈페이지 바로가기

엄마의 이별 방정식

허옥희 지음

지식과감성#

목차

책을 펴내며 8

제1부 강의 기억

강의 기억 12
동경 16
배급 20
장마당 24
빈대에게 항복하던 날 28
자력갱생으로 사는 법 32
누구를 위하여 화구를 막나 36

제2부 코끼리 동상아래

꼼짝 말고 손 들엇! 42
"머리카락 파세요" 46
코끼리 동상 아래 50
수탉의 교만 55
우물을 박차고 58

어제, 그리고 오늘 62
탈북민 회장 66

제3부 길을 찾다

돼지 저금통 74
길을 찾다 76
북한 사람이라서 80
무협지에 빠지다 84
누군가의 산이 된다는 것 88
엄마 학생 92
시간 되돌리기 95

제4부 경계에 살다

기우(杞憂) 100
무용함 속의 유용함 104
착시 108
말의 두 의미 112

경계에 살다 115
붉은 신호등 119
테이블야자처럼 122

제5부 뿌리

아버지의 삼백 원 128
그 여름날의 추억 132
친정어머니시죠? 136
이별 139
뿌리 143
엄마 목소리 148
흔적 152

제6부 가족

가족 158
그날 170
아들 174

창사행 열차 182
꽃다발 187
결혼식을 앞두고 191

제7부 멈출 수 없는 이유

멈출 수 없는 이유 196
글과 나 200
크리스마스 205
주말 보내기 208
여행을 꿈꾸다 211
혼자 산다는 것 215
일탈과 일상 218

추천사 221

책을 펴내며

글을 읽는 것도, 쓰는 것도 좋아하지만 책을 펴낸다는 건 또 다른 용기가 필요하다. 북한 사람으로 태어나 한국에서 살아간다. 이 땅의 보통 사람들과 다를 게 없지만, 굳이 살펴보면 시간이 주는 이질감이라고나 할까. 다른 세상에서 다른 가치관으로 살았으니 알게 모르게 타성에 젖어 있다.

그 경계를 넘나드는 사람이 탈북민이고 나 자신이다. 오늘을 위해 걸어온 어제를 돌아본다. 어제의 희생과 용기로 내일을 바라보며 행복을 갈구한다. 여자여서, 엄마여서 더 처절한 삶이었는지도 모르겠다.

처음 글을 쓰고 싶은 충동이 든 건 북쪽에서 헤어진 아이들과 한국에서 만난 직후이다. 긴 기다림이었기에 모두가 행복하리라 믿었지만 만남은 또 다른 시작이었다. 새로운 세상에서 좌충우돌하는 건 나만이 아니었다. 서로가 안팎에서 얕은 상처를 지우고 깊은 상처가 떠오르지 않도록 눌렀다.

둘러보니 지금도 상처를 디디고 버티는 이들이 보인다. 가족을 이룬 사람들도, 아직 이루지 못한 이들도 생생한 상처를 보듬고 산다. 그들이 흘리는 눈물의 의미를 알기에 손수건을 내밀고 싶다. 문학으론 초보지만 여자로, 엄마로 살아온 날들의 진정성이 책을 읽는 이들의 마음에 한 점 온기가 되어 주기를 바란다.

더불어 내 힘의 근원인 아이들과 부모님께 이 책을 바친다.

2022년 시월,

계절의 향기를 온몸으로 느끼며 허옥희

제1부

강의 기억

강의 기억

우리 집 앞에는 물이 흘렀다. 강이라고 하기는 얕았다. 천(川)으로 기억하는 사람들도 꽤 있을 것이다. 먼 산골짜기에서 시작되어 구불구불 흘러내리는 물은 시냇물보다는 깊고 폭도 넓었다. 이쪽과 저쪽에 둑을 쌓고 길을 냈다. 강은 양쪽을 나누는 경계다. 건너편을 시내라 불렀다. 자연 이편은 강안 마을이다. 이름처럼 강둑을 넘어 큰길 하나를 건너면 마주한다. 마을에선 강 너머로 갈 일이 적었다. 공장도 강 이쪽에 있었다. 아이들은 강과 나란히 뻗어 있는 길을 따라 학교에 다녔다.

내 십 대의 마지막 그해, 엄청난 홍수가 닥쳤다. 유달리 돌이 많던 강변의 자갈밭을 꽉 채우고 제방을 위협하며 누런 흙탕물이 빠른 속도로 하류로 흘렀다. 곳곳에 소용돌이와 급류가 생겼다. 위쪽에서 호박이나 농기구들은 물론 커다란 돼지도 떠내려왔지만 아무도 건져 올릴 수 없었다. 강에 놓인 큰 시멘트 다리는 기둥 끝까지 흙물이 차올랐다. 건너기는 고사하고 바라만 봐도 어지러웠다. 성난 물이 아래쪽에서 강둑을 부숴 버렸다. 아랫마을은 물에 잠기고 사람들은 TV나 재봉기 머리를 안고 안쪽으로 몰려갔다. 그때의 모습이 지워지지 않고 남아 시내가 아닌 강으로 기억한다.

한여름이면 물이 부쩍 줄었다. 얕을 땐 무릎 조금 위까지 잠긴다. 더운 여름에는 신발을 벗고 물을 건넜다. 위쪽 큰 다리까지는 둑을 따라 에둘러 가야 한다. 질러가기 좋아하는 사람들은 공장 앞에 놓인 작은 다리를 이용한다. 공장에서 놓은 엉터리 다리다. 기초도 없이 철판을 잇고 기둥을 모래불에 박은 다리는 장마가 되면 떠내려가고 다음 해면 어김없이 다시 생겨났다. 배고픈 시절이 되자 이 다리를 건너 시내 쪽으로 가는 사람이 많아졌다. 공장에 출근하는 이들은 줄고 배낭을 짊어진 여자들이 아침저녁 다리를 메웠다. 강 건너에 시장이 생겼기 때문이다.

철판 다리는 오가는 발길에 닳고 닳아 달빛에도 하얗게 보였다. 다리를 넘어 강바닥이 시장이 되었다. 사는 사람보다 파는 사람이 많았다. 강변 돌 위에 국수 보따리를 놓고 길게 늘어선다. 음식장사도 옹기종기 서거나 앉아 줄을 잇는다. 돌들은 지친 이들이 주저앉아도 좋은 의자가 되었다.

강둑을 따라 시오리 내려가면 물은 다시 합쳐져 두만강을 이룬다. 강폭이 점차 넓어졌다. 강 저편은 중국이고 이편은 조선이다. 수십 년을 고요했던 강변에 민간인 보초가 세워지고 얼마 지나지 않아 군대가 총을 들고 지키기 시작했다. 낮에는 물론이고 밤에도 잠복 초소에서 총을 겨누고 있다.

먼 강변이 삶에 가까워졌다. 강을 넘었던 사람들의 속삭임이 더 많은 이들을 불렀다. 강 타기라는 말이 생기고 사철 가림 없이 밤이면 은밀히 모여든다. 감시 초소를 에돌거나, 혹은 뇌물을 바치고 위험을 감수한다. 많은 이들의 목적은 탈출이 아니다. 그들은 강 건너 친척의 도움을 바라거나 정에 호소한다. 그것도 안 되면 품을 팔아 돈을 마련한다. 가족이 기다리는 집으로 돌아오기 위해서다.

작은 철판 다리를 건너 시장으로 향하던 여인네들의 삶이 두만강가에서 엇갈렸다. 시장의 입소문은 더 빠르게 퍼지고 사람들은 끈질기게 살아남으려 애썼다. 캄캄한 밤, 강을 건너는 도강 수단은 저마다 재주껏 이뤄진다. 지키는 눈을 피하려 번개가 치고 비가 오는 날을 고른다. 또 강이 얼어붙어 이편과 저편을 묶어 주길 기다린다. 강 너머 마을에는 조선 쪽에 친척을 둔 사람이 많다. 지치고 굶주린 아이들, 불쌍한 여인네들을 동정했으나 시간이 흐르자 나라의 부유함은 권력이 된다. 못사는 나라에서 온 여인은 사고파는 물건으로 변했다.

주변에도 강을 건너는 이들이 늘어 갔다. 건너지도 못한 채 잡혀 법의 심판을 받는 사람도 있었다. 가혹한 처벌과 감옥, 그리고 강제노동도 강을 넘는 발걸음을 줄이지 못했다. 한 사람이 돌아오면 그의 이야기를 들은 다른 사람이 함께 강을 건넜다.

지난날 국경은 내 삶에 의미를 주지 못했다. 강은 별다를 것도 없었지만 넘을 수 없는 것이 매력이다. 두만강은 집 앞 강보다 강폭이 넓고 방풍림으로 둘러싸여 있다. 방풍림이 수십 년이 지나자 울창한 숲을 이뤘다. 또 굽이를 돌며 폭이 좁아진 물을 사이에 두고 이웃처럼 마주 보는 마을도 있다.

강을 거슬러 가면 나루터가 보인다. 대형 유화 판이 자리 잡고 있다. 한편에 나무로 된 작은 배가 물살을 타고 흔들린다. 백 년 전,

가난에 쫓긴 사람들이 이 나룻배를 타고 강을 건넜다고 한다.

유화 판 그림을 기억하고 있다. 조롱박을 얹은 등짐을 걸머진 노인이 손자의 손을 잡고 앞서간다. 보따리를 이고 아이를 업은 여인이 아들과 함께 뒤따른다. 배경 멀리 총을 멘 경찰의 검문을 마친 사람들이 쪽배에 오른다.

그 그림 속 이야기가 삶에 닥쳤다. 굶주림이 일시적이고 극복될 수 있거나, 생명까지 위협하지 않았다면 강을 건너는 사람도 많지 않았을 것이다. 그러나 이 강에 목숨이 걸려 있다면 누구든지 가족을 위해 온 힘을 다하지 않을까. 살고자 하는 본능은 강하다. 살리고자 하는 종족 본능은 거룩하기까지 하다. 세상의 법에 대항하여 연약한 자식과 늙고 병든 부모님을 위한 희생이기 때문이다.

백 년 전, 이 나루터를 건넌 노인은 식민지 한과 가난에 쫓겨 이역 땅으로 향했다. 백 년이 흘렀다. 시간 속에 그날의 애환은 묻혔을까. 기억은 역사가 되어 세대를 잇는다. 백 년 후, 그 강 위를 다시 사람들이 오간다. 살고자 하는 자들의 한숨과 눈물, 때로는 주검이 강을 따라 흐른다. 누구의 탓인가. 강에 물어봐도 대답이 없다. 강물은 그저 새로운 이야기를 채우며 흐르고 흐를 뿐이다.

동경

또다시 바라본다. 하지만 산은 언제나 그 자리에서 무심하다. 가끔 시장으로 갈 때 한 걸음 한 걸음 나아가며 표식이라도 남기듯 유심히 본다. 푸른 초목과 등성이의 과수원, 선명히 바라보이는 길들, 너무 높지도 낮지도 않은 맞은편 산이다. 산허리를 따라 차들이 다니는 반듯한 도로가 있다. 그러나 눈을 끄는 건 산을 가로지르는 오솔길이다. 황톳길이 정상을 향해 손금처럼 뻗었다. 그 길에 초점을 맞추고 먼지가 풀썩이는 큰길을 가로지른다. 논밭 사이를 지나 시장으로 향한다.

강둑을 따라 내려가면 산과 가까워진다. 마치 산을 향해 걷는 듯하다. 그런 시간이면 길은 더 선명하다. 산은 그때그때의 마음에 따라 따뜻하고 부드럽다가 또 희미하게 형체만 보이기도 한다. 길을 따라 마음도 산을 넘는다. 산을 넘으면 낯선 세계, 한 번도 가보지 못한 곳에 닿는다. 우리와 같은 말을 쓰는 사람도 있고 그렇지 않은 이들도 있다. 삶의 방식도 다르다.

두만강을 사이에 두고 저편에 있는 그 산은 중국에 속한다. 우리가 사는 이편은 북쪽 나라다. 이쪽은 음지여서 해도 늦게 들고 강바람도 세차다. 일조 시간이 짧아서인지 과일도 생명력 강하고 열매가 작은 살구나 돌배만 된다. 그러나 마주 보이는 산은 양지쪽이라 어른의 주먹보다 큰 사과가 달리고, 배나무가 자란다. 그렇다고 해도 얼마 전까지 맞은편 산은 그다지 큰 관심을 불러일으키지 않았다.

그러나 지금은 다르다. 다녀온 사람들이 있다. 꽉 닫혔던 국경이 80년대 초 문을 열었다. 먼저 중국 쪽에서 여행자들이 쏟아져 나오더니 얼마 후에는 이쪽에서도 도강증을 내주었다. 연변에 친척이 있는 사람들이 건너갔다. 오는 사람도 가는 사람도 어떻게든 국경을 이용하여 돈을 벌려고 한다. 돈은 궁핍한 이쪽에도 풍요로운 저쪽에도 꼭 필요한 물건인가 보다.

시장에는 중국인 여행자들이 많다. 지금 생각해 보면 그들도 돈벌이를 위해 국경을 넘어온 행상이지만 당시엔 가 볼 수 없는 저편 세계의 부러움과 호기심의 대상이었다. 이쪽에서 찾을 수 없는 온갖 생필품과 편리함이 넘치는 가전제품들, 낯선 향기, 윤기 흐르는 얼굴이 그들의 세상을 과시했다.

친척이라 해도 그들은 상위에 있었고 부는 곧 힘이다. 그들은 옥수수밥을 먹는 이쪽 현실을 안타까워했다. 비포장도로와 자전거가 생존 수단인 데다 대다수가 걸어 다니는 모습을 보고 혀를 찼다. 두만강을 가로지르는 다리(교두)를 건너기만 하면 어디든 버스가 다니고 택시가 다닌다고 한다. 시장에는 물건이 넘치고 돈만 있으면 뭐든지 살 수 있는 세상, 그 돈마저 능력껏 만들어 낼 수 있단다.

중국 쪽에 다녀온 사람들의 충격은 더 컸다. 아버지도 연길에 있는 외삼촌 댁에 다녀왔다. 별말씀 없으시던 아버지가 나와 동생들이 잠든 밤, 엄마와 나누던 조용조용한 목소리를 기억한다. 아버지는 연길 시내와 시장 이야기를 하셨다. 충격이었다. 강만 건너면 하늘과 땅처럼 모든 것이 다르다는 말은 가슴에 남았지만, 배급을 타고 직장에 나가던 일상 속에 묻혔다.

배급이 없어지자 혼란이 찾아왔다. 어제까지의 불법이 합법이 되고 돈을 내면 직장에 가지 않고도 무탈했다. 직권이 힘이던 시대가 멀어지고 돈이 힘이다. 돈은 어떻게 얻어질까. 비사회주의라고 당국이 악착같이 막아서던 장사가 삽시간에 모두를 집어삼켰다. 상재가 있든지 없든지 뭐라도 팔아야 하는 사람들이 장마당에 늘어섰다. 팔 것이 없는 이는 산으로 가 풀뿌리를 씹으며 농사를 짓는다. 기술 있는 사람은 누군가가 요구하는 기계를 만들려 밤을 지새우며 고심한다. 생필품을 수공업으로 만드니 술을 정제하거나, 사탕을 만들거나 무슨 일에든지 새로운 기계가 필요했고 수요는 공급을 만들고 돈이 따른다.

잊었던 아버지의 이야기는 도강으로 중국을 다녀온 사람들을 통해 다시 기억 위로 떠올랐다. 삶이 어려울수록 맞은편 산을 더 유심히 바라본다. 시간도 길어졌다. 산을 바라보며 혼자 있을 땐 책에서 읽었던 도시들을 떠올린다. 그림처럼 큰 건물들, 우리와는 다른 문화, 좋은 음식, 다른 말을 하는 사람들을 상상했다.

주는 대로 먹고, 입고, 쓰고 사는 세상이 아닌 필요한 것을 스스로 찾고 노력의 대가를 받는 세상을 그려본다. 온갖 물건을 마음대로 사고 직장도 자기가 고르고, 장사도 합법인 세상, 능력껏 산다는 세상은 어떤 곳일까? 그들은 그것을 자유라고 말했다. 자유가 나에게 무엇을 줄 수 있을지 기대된다. 그 세상에 꼭 가 보고 싶다.

배급

80년대는 비교적 평화로웠다. 90년대에 들어서자 시대가 달라졌다. 93년에 이르자 배급소에서 간간이 배급을 준다. 언제 준다는 말은 없다. 그래도 주지 않는다고 믿는 사람은 없다. 나라가 어려우니 어쩔 수 없는 일이라 생각한다. 불만이 있다고 해도 감히 표출하지 못했다.

느닷없이 양곡 실은 차가 온다. 쌀이 배급소에 있다는 소식이 퍼지면 새벽부터 줄이 꼬리를 잇는다. 줄은 굼벵이처럼 느릿느릿 움직인다. 쌀 계량대 앞으로 가려면 시간이 얼마나 걸릴지 알 수 없다. 시간이 아깝다. 그런 마음이니 인내심이 나오지 않는다. 다른 장사를 하는 사람들의 사정도 마찬가지다, 그래서 배급 줄서기는 나이 든 사람들의 몫이 된다. 간혹 줄이 뒤엉키거나 하면 육박전이 벌어진다. 힘이 약하면 밀려날 수밖에 없다.

배급을 타려면 배급 카드가 있어야 한다. 1년에 한 번 카드를 만든다. 카드에는 보름에 한 번씩 정기적으로 받은 쌀, 잡곡, 국수 등을 기록한다. 24칸에 모두 숫자가 채워지면 일 년이 되어 새 카드가 필요하다. 카드와 함께 요구하는 것이 배급표이다. 배급표는 직장에서 받는다. 가장은 부양가족 몫까지 배급표를 받고 거기에 근거해 배급소에서 배급을 내준다.

정상적으로 배급이 공급되던 시절, 배급소는 별 볼 일 없는 직장이었다. 보통의 배급소에는 3명 정도의 직원이 있다. 배급표를 받아 집계하고 쌀을 계량하여 나누어 준다. 식량 사정이 어려워짐에 따라 배급소의 격이 올랐다. 시장에서 파는 쌀값과 배급소에서 받는 쌀값은 국전 가격(국가가 정한 가격)과 야미 가격(시장의 물가)으로 처음은 몇 십 배, 그다음은 몇 백 배 또 몇 천 배로 가격 차이가 난다. 그러니 배급은 공짜로 받는 것이나 다름없다. 배급소에 진을 치고 줄을 서야 하는 이유다.

동네 배급소는 엄마 집에서 가깝다. 그래서 엄마는 늘 우리 배급카드까지 맡아 두고 있다. 누구도 언제 배급이 들어오는지 예측할 수 없다. 빨리 소식을 듣고 가는 사람이 행운의 주인공이다. 공급할 식량이 모자라고 배급이 가끔 올수록 배급소의 울타리는 높아진다. 권력도 배경도 없는 우리에겐 배급 줄이 유일한 진입 통로이다.

노동자에게 이렇듯 타기 어려운 배급을 쉽게 받는 사람들도 있다. 알 만한 사람은 안다. 배급소에 쌀이 조금씩 들어오고 소문 없이 들어온 쌀은 간부들이 받아 간다. 배급소와 인맥을 가진 이들이 타인의 눈을 피해 잇속을 챙긴다.

점점 배급은 힘 있는 자들의 전유물이 된다. 집집마다 못 받은 쌀이 몇 백 킬로그램을 넘어갔다. 어려운 시절이 계속되자 배급소에도 인맥이 통한다. 양정사업소에서 받은 쌀과 배급소 공급 수량만 맞으면 되기 때문이다. 배급표만 정확하면 부정도 아니다.

연줄이 있는 사람은 고달픈 장사를 하지 않고도 배급을 타면 생계 걱정이 없다. 자기 몫만이 아닌 다른 집 몫까지도 탈 수 있으니 시절이 고마운지도 모른다. 이제 집마다 배급 못 탄 양이 평균 200kg, 300kg이 넘었다. 누군가 말이 나지 않을 집을 골라 배급을 주겠다고 하면 알아서 주는 만큼만 받는다. 아무것도 못 타느니 얼마라도 타면 횡재다. 그건 곧 수단이다.

식량을 배급소에 공급하는 양정사업소가 좋은 직장임은 두말할 나위도 없다. 굶주림으로 죽어 가는 세상에 쌀이 있는 곳이 힘이고 권력이다. 양정사업소는 각 시군에 하나씩 있다. 역사와 멀지 않은 곳에 자리하고 있어 기차로 운반되어 오는 양곡을 쉽게 받을 수 있다.

양정사업소는 큰 정미소와 비슷하다. 농장에서 생산한 옥수수가 이곳에서 으깨져 쌀이 된다. 껍질은 겨가 되고 가루는 국수가 된다. 인구에 비해 모자라는 양곡은 다른 지방에서 기차로 운반되어 양정사업소에서 배분된다. 식량만이 아니라 양정사업소에서 나오는 부산물조차 인맥으로 거래된다.

95년에 이르자 더는 배급에 기댈 수 없었다. 명절 때 주던 배급도 점점 줄어들었다. 길가에는 굶어 죽는 사람들이 생겨났고 장마당에는 걸을 수 있는 아이부터 어른까지 꽃제비란 이름의 거지들이 몰려다녔다. 역에는 특히 꽃제비가 넘친다. 오가는 여객에게 동정을 바라기보다는 횡재를 기다린다.

가끔 기차 방통으로 다른 지역에서 쌀이 들어온다. 하역 작업을 하는 동안 꽃제비 아이들이 무리를 지어 몰려온다. 쌀을 한 줌이라도 얻으려 오지만 총을 메고 지키고 있으니 그들도 머리를 쓴다. 유인조, 째는 조, 받는 조 등으로 나누고 먼저 유인조가 나선다. 총을 메고 지키는 사람은 양정사업소에서 나온 보위대 처녀들이다. 실탄을 장전하고 있지만 쏘지 못한다는 걸 알고 도발한다. 총 그거 가짜지, 총알 없지 하며 혀를 내밀고 놀려도 차마 총을 들이밀지는 못한다.

실탄은 도적들보다 오히려 지키는 그들에게 무섭다. 다가오면 세 번의 경고 후 발사하라는 규정이 있지만 쏘면 누군가가 죽을 수 있다는 사실은 총을 가진 사람의 마음을 얼어붙게 만든다. 지키고 섰다가 놀림에 화가 나서 움직이면 재빨리 째는 조가 나선다. 날선 면도칼로 마대를 그으면 준비하고 있던 받는 조가 번개 같은 손길로 흘러내리는 쌀을 받는다. 꽃제비 아이들이 배급받는 방법이다.

당연하다고 여겼던 배급은 이제 일반인에게 더는 당연하지 않게 되었다. 배급은 끈 떨어진 연처럼 우리 삶에서 날아가 버렸다.

장마당

장마당이 우후죽순처럼 생겨났다. 누구나 자력갱생하여 살아야 했고 시장이 그 출구 역할을 했다. 장사할 밑천이 있거나 혹은 배짱이 있는 사람들은 장마당으로 향했다. 그럴 용기가 없고 움직일 힘이 있는 사람은 산으로 갔다. 산에 막을 짓고 나무뿌리를 걷어 내어 밭을 일군다.

사람이 모여 설 만한 공터면 어디서든 장이 생겼다. 국수, 빵, 속도전 가루, 두부밥, 인조고기밥, 산에서 뜯어 온 나물들과 예전에 토끼나 돼지를 먹이던 씀바귀, 민들레, 비듬 등의 들풀이 줄을 잇는다. 파는 사람은 많고 사는 이는 적으니 사줄 누군가를 기다리다 어두워지면 집으로 무거운 발걸음을 옮긴다. 식량 외의 물건은 내놓아야 거들떠보지 않는 시절이었다.

오직 굶주리지 않기 위해 혈안이 된 시대, 배고픔이 얼마나 무서운지 보았다. 봄이 되면 온 마을에 아침저녁 절구질 소리가 울렸다. 산에서 소나무 속껍질을 벗기고 풀을 뜯었다. 물에 우린 다음 옥수숫가루와 함께 쪄내 절구에 찧었다. 떡이라고 말하기도 뭣한 음식이었지만 그것으로 배고픔을 달랬다.

한 줄에 나란히 이어진 사택에 살다 보면 알고 싶지 않아도 자연히 옆집 사정을 알게 된다. 한동네 사람인 까닭에 시장에서 사고파는 사람으로 마주치면 서로가 눈길을 피한다. 물건을 사면 옆에 있는 얼굴 보기가 민망하다. 그래서 돌아가거나 아이를 내보내기도 한다.

오늘은 아파트로 들어오는 언덕 아래 넓은 공터에 아줌마들이 줄을 서더니 내일은 공장 정문에서 얼마 떨어지지 않은 사택 마을 공터에 장이 생겼다. 저마다 네모난 판에 빵을 담거나 밥, 국수 등을 넣어 비닐을 씌우기도 하고 열어 놓기도 한다. 잡화나 담배, 약도 있다. 속도전 가루나 콩, 쌀은 자루에 담은 채로 입구를 벌려 앞에 놓고 앉는다.

여인네들이 온종일 쪼그리고 앉거나 덜덜 떨며 서서 발을 구른다. 여름에는 더워서 겨울에는 추워서 장마당에 사는 아줌마들의 얼굴은 하나같이 까맣게 탔다. 장마당 전문 직업이 말 안 해도 얼굴에 드러난다. 하루 벌이를 하고 좀 남으면 얼굴에 웃음이 핀다. 표정만 봐도 장사 형편이 보인다.

장마당에 끼는 일도 쉽지 않다. 돈이 좀 있는 사람들은 밑천이 있으니 판을 크게 벌인다. 시내 장마당으로 진출한다. 돈이 있어 많이 받으면 이윤이 남고 적게 받으면 애만 쓰다 말고, 장마당의 이치는 어디나 같다.

시내에는 시에서 운영하는 장마당이 있다. 시장이라 불리고 시장 관리소에는 소장과 관리원이 있어 시장을 관리한다. 비바람을 막는 지붕을 씌운 매대를 돈으로 사고판다. 구태여 품목을 읽지 않아도 매대를 차지하는 이는 밑천 있는 사람이다. 시장 관리원은 매일 일정한 시간에 자릿세를 받는다. 시장 구석에 둘러앉아 땅바닥에 물건을 놓고 장사하는 사람들도 예외는 아니다.

그래도 시내 장은 오가는 사람이 많아 팔기도 하고 사기도 하고 그런대로 돈을 만져 본다. 아침이면 출근하는 대열처럼 각양각색의 장사를 하는 이들이 자전거를 타고 수레를 끌고 장마당으로 향한다. 쌀장사와 같은 무거운 짐을 날라야 하는 집은 남정네들도 같이 나선다.

시장 가까운 곳에 집이 있으면 사는 데 이롭다. 천막이나 무거운 물건들, 음식 장사마저도 매일 가지고 다녀야 하는 그릇이나 가마 등을 일정한 곳에 맡긴다. 이전에는 서로 인연이나 사정을 보아 맡아 줬다. 하지만 얼마 지나지 않아 하루에 얼마, 한 주에 얼마, 또 한 달에 얼마 하는 식으로 돈을 받는다. 시장이 가까우면 먼 곳에서 온 도매상이나 중국 물건을 받아 가는 소매상들에게 여관처럼 하루 재워 주고 또는 장소를 제공하고 돈을 받는다. 그것만으로도 얼마간의 벌이를 할 수 있다.

시장 옆에 사는 게 행운이다. 같은 떡장사를 해도 시장이 가까우면 쉽게 팔고 들어온다. 집이 멀리에 있으면 아침에는 팔 걱정, 땅거미가 지면 팔던 물건을 지고 갈 일이 걱정이다. 기본 운송 수단은 자전거다. 그마저 없거나 여의치 않으면 등에 걸머지거나 머리에 이고 오 리 십 리를 걸어야 한다.

시장 밖에도 팔러 온 사람이 넘친다. 그런 이들은 담장에 붙어 서거나 앉아 물건을 앞에 놓고 있다. 장마당이 마주하고 있는 곳은 강변 자갈밭이다. 30리도 넘는 탄광 마을에서 밤새 국수를 눌러 새벽부터 떠난 사람들이 강변에 늘어서 있다. 탄광 마을엔 팔 수 있는 게 없다. 옥수수로 국수를 만드는데 그곳의 국수는 다른 곳보다 매

끈하고 질기다. 그 국수가 상품이 되었다.

지정된 장터가 아닌 곳에 늘어선 이들은 불안하다. 안전원의 그림자만 보여도 그 많던 사람이 삽시간에 강둑 너머로, 주택가로 달려간다. 그래서 임시 장터는 이름이 메뚜기장이다. 걸리면 불운을 탓할 수밖에 없다. 합법적으로 갈취하는 자들도 늘어 간다. 안전원, 규찰대, 무슨 상무, 무슨 그루빠 이름이 서로 다른 기관들이 권력을 등에 업고 단속에 나선다.

옷 장사처럼 큰돈을 넣은 물건을 뺏기면 한순간에 밑천이 날아간다. 단속한 기관이나 개인에게 고여야 한다. 그래야 그나마 밑천을 다 날리지 않는다.

고인다는 말이 유행어가 되었다. 고이지 않고 되는 일은 없다. 작은 일에는 작게, 큰돈이 든 물건은 크게 고여야 한다. 고이는 돈은 권력의 크기에 비례한다. 이것도 저것도 수단이 없는 사람들, 고지식한 사람들은 굶어 죽었다.

무턱대고 돈을 준다고 받아 주지도 않는다. 단속하는 자도 명분이 있어야 하고 그것은 갈취를 합법화한다. 눈 감으면 코 베는 세상에서 저마다 직업을 팔고 얼굴을 판다. 권력에 기대지 못하는 백성에겐 차라리 노골적으로 고이라는 말이 반갑다.

어제까지의 모든 무상이 유상으로 탈바꿈했다. 여행증 대신 돈이 있으면 어디든 간다. 좋은 약을 쓰고 이밥에 고깃국을 먹는다. 돈이면 인맥도 사고 직권도 사고 시간도 산다. 돈이 힘이다. 인맥이 힘이던 시절이 지났다. 제도와 규칙이 밀려난다. 그 자리에 약육강식이 도래했다.

빈대에게 항복하던 날

기아와 굶주림엔 꼬리처럼 따르는 게 있다. 병이다. 처음 몇 사람이 앓아누웠다. 며칠 지나지 않아 옆집, 뒷집 모두가 설사와 고열에 시달렸다. 병원 문 앞이 미어터질 정도로 환자가 몰렸다. 얼마 후 병원이 다시 한산해졌다. 약도 없고 처방도 같았다. '물을 끓여 먹고 약은 장마당에서'가 처방이다. 첫 시절에는 파라티푸스, 그다음에는 장티푸스가 덮쳤다. 시장에서 약을 사야 했다.

줄지어 서거나 앉은 약장수들은 거의 모두가 현직 의사다. 적어도 약을 알고 판다는 믿음이 있다. 하지만 비싸서 망설인다. 그때 누군가 옆구리를 찌른다. 대부분 순박해 보이는 아줌마다. 약이 필요하면 따라오라고 한다. 남보다 싸게 준단다. 한 푼이 아쉬우니 누군들 마다할까. 하지만 약이 부슬부슬 부서진다. 싼 물건은 의심부터 해야 하지만 입에 풀칠이 걱정이니 울며 겨자 먹기다.

시간이 흐르자 국산이라는 이름의 가짜인 게 드러났다. 사실 그때까지 가짜 약을 만들 수 있다고 생각도 못 했다. 중국에서 나온 약을 사야 했다. 동네 병원에서 얼굴을 익힌 의사를 시장 약장수 줄에서 찾아낸다. '약은 약사에게'라는 구호처럼 그 시절 '약은 의사에게'라는 말이 유행했다.

약값이 하늘 높은 줄 모르고 올라간다. 가짜 약이 판을 쳐도 돈만 있으면 진짜 약을 구할 수 있다. 가난이 슬픈 건 약을 살 수 없기 때문이다. 돈이 없는 사람은 운에 맡기고 고열을 견디는 수밖에 없다. 영양실조와 고열을 이겨 내지 못한 이는 죽어 나갔다. 처음에는 동네 누군가의 죽음이 공포였지만 점점 익숙해졌다. 나중에는 덤덤해졌다. 바닥없는 절망이 스멀스멀 마을을 잠식해 갔다.

집에도 병이 닥쳤다. 엄마가 앓아누웠다. 우리 집과 엄마 집 사이엔 작은 언덕 하나가 있었다. 일어나지 못하니 걸을 수 없는 건 당연했다. 남편이 업고 집에 모셔 왔다. 내가 할 수 있는 건 소금물을 끓이고 식혀서 때때로 드리는 것뿐이었다.

며칠 동안 고열이 계속됐다. 불행 중 다행으로 마침 의사인 후배가 집에 왔다. 엄마의 상태를 보고 가지고 있던 약을 내놓았다. 그 약은 병원에서 나온 진짜라 병세가 수그러들었다. 죽으로 간신히 끼니를 때웠다. 그것마저 옥수수죽이었다. 엄마는 입맛이 없어 죽을 넘기지 못했다. 드시지 못하니 힘이 없다. 눈뜨기도 귀찮은 듯 낮에도 밤에도 주무시기만 했다.

병마와 굶주림, 그와 더불어 또 하나의 강적은 빈대다. 후에 알게 됐지만 빈대는 잎갈나무를 좋아하고 그 속에서 번식률이 높다고 한다. 우리 집은 아파트 2층이었다. 방 두 칸, 그리고 석탄불을 넣는 주방과 화장실이 따로 있었다. 아파트의 문틀을 비롯하여 모든 나무는 잎갈나무다. 빈대의 성지인 셈이다.

아이들은 빈대에 예민했다. 자고 나면 여린 살에 뻘건 반점이 줄

지어 도드라졌다. 먹지 못해 앙상한 몸에 생긴 흠집들이 아이들을 고통스럽게 했다. 처음엔 찬물 찜질로 가라앉혔지만, 가려움증이 점점 심해졌다. 밤이 오면 빈대를 피해 도망 다녀야 했다. 아랫방에서 윗방으로 옮겨 가고 거기서도 쫓겨 부엌에 잠자리를 폈다. 빈대는 사람 온기를 따라왔다.

전기가 없는 밤은 빈대에게 성찬을 제공하는 시간이다. 포식한 빈대는 낮에는 숨어 버린다. 온 식구가 눈에 띄는 대로 잡아도 줄기는 커녕 늘어만 갔다. 기하급수적으로 불어나는 생식률을 당할 수 없어서다. 빈대에게 최대의 공포는 약을 살포하여 일시에 소멸하는 거지만 무기력한 인간은 그저 당할 수밖에 없다. 빈대와의 전쟁에서 약자는 박멸할 힘도, 숨을 공간도 없는 사람이다.

'빈대 잡으려다 초가삼간 태운다'는 속담이 있다. 빈대 때문에 고달픈 건 나만이 아닌가 보다. 그 옛날 초가삼간에 살던 선조에게도 빈대는 끈질긴 강적이었나 보다. 아침이면 이불을 베란다에 널어놓고 아이들의 옷을 벗겨 몸을 살피는 것으로 하루를 시작했다. 해가 뜨면 눈에 불을 켜도 찾기가 어려웠다. 보이지 않으니 문틀이나 짬 사이에 뜨거운 물을 부어 보기도 하고 송곳 같은 곳으로 찔러도 본다. 작은 물건들은 모조리 들고 밖으로 나가 털고 햇볕을 쏘였다. 물린 곳이 부풀고 쓰라렸다.

어른이고 아이고 어둠이 두려웠다. 빈대는 밤이면 유격전을 벌이듯 다시 나타났다. 기름에 면실을 꼬아 심지로 태우니 방안은 어둑했다. 작은 빈대를 찾기는 무리였다. 물려서 비명이 나오는 순간이 되어야 등잔 심지를 돋우어 주변을 살핀다. 밤을 틈탄 공격은 조금도 줄지 않았다.

밤중에 전기가 오기를 기다리지만, 그것도 매일 오는 건 아니다. 어느 날 아이들에게 부엌을 내주고 엄마 옆에서 빈대 때문에 엎치락뒤치락 잠들지 못하고 있는데 전기가 들어왔다. 어둡던 방안에 불이 켜진 순간 이부자리 옆으로 줄지어 선 빈대가 보였다. 황급히 두 손과 발까지 동원해도 처리하기는 역부족이다.

엄마는 빈대의 포위 공격에도 눈을 뜨지 못했다. 그 많은 빈대에게 뜯기면서도 감각조차 잃어버린 것 같았다. 수많은 빈대가 삽시간에 사방팔방으로 달려 나갔다. 군대처럼 일사불란하게 눈을 피하는 빈대를 따라 문틀을 쳐다본 순간 경악하고 말았다.

문틀을 따라 빈대 대군이 몰려오고 있었다. 앞으로 행군하는 군대는 갑자기 뒤로 방향을 틀기 어렵다. 빈대가 군단을 이루니 불이 밝아도 방향을 바꿀 수 없었던 모양이다. 문틀이 겹쳐 각을 이룬 부분에서 안쪽으로 질서 있게 사라져 갔다. 기가 막혀 잡아야 한다는 생각마저 잊었다.

빈대 대군에게선 서슬 퍼런 기운마저 느껴졌다. 그 앞에서 나는 단기필마다. 죽음은 안중에도 없는 빈대가 전력투구로 달려드는데 어찌할 바를 몰라 허둥거렸다. 머릿속을 스치는 생각은 단지 가난이라는 두 글자였다. 병마와 빈대는 가난이 몰고 온 비극이었던 셈이다.

자력갱생으로 사는 법

공장 정문 바로 왼편에 사택 마을이 들어섰다. 이곳은 공장과 담을 같이 했다. 처음 공장이 생길 때 좀 떨어진 언덕 위에 사택을 건설하였다. 세월과 함께 공장도 넓어지고 그에 따라 사택 지구도 확장되었다. 60년대에 지어진 기존의 사택 은 한 줄에 대여섯 집이 쭉 늘어선 하모니카 형태였다면 새로 짓는 집들은 두 집이 담장을 막는 비교적 좋은 집들이었다.

새로 지은 사택에는 공장에 배치된 제대 군인들이 주로 자리 잡았다. 그들은 군대에서 입당하고 군 노동과에서 비교적 좋은 일자리인 공장으로 온 어지간히 비빌 언덕이 있는 사람들이다. 제대 군인들은 공장에 배치되어 얼마 지나면 직장 혹은 작업반 세포비서, 반장 등이 된다. 이러한 직책은 공장의 기층 조직을 유지하는 핵심이다.

그들은 결혼을 서두른다. 결혼하면 집이 필수다. 공장에서 주택을 해결해 주어야 하지만 부지만 정해준다. 현장 단위에서 자력갱생하라고 한다. 소속된 직장에서 노력과 자재를 구입하여 집을 짓는다. 공장은 집 문제를 해결하기 위해 이전의 사택 구역을 늘이고 합숙을 공장 안으로 이전했다. 그 합숙 자리도 살림집으로 개조하는 등으로 부지를 확장했다.

그 구역은 재빨리 변화했다. 잡초가 무성했던 공장 담 옆에 집들이 들어서자 자동차 길이 생겼다. 직장들은 경쟁적으로 자기의 반장 혹은 비서를 위하여 집을 지었다. 젊은 사람들은 더는 하모니카 주택을 원하지 않았다. 이전의 간부(공장 초급당 비서나 지배인)들만이 한 동 두 세대 집에 살았다. 그들은 그 간부들 집처럼 한 동 두 세대 집을 원했다. 두 집씩 짓고 앞터를 넓히기 위하여 담장을 치고 창고를 지었다. 젊은 거주 구역답게 빠른 속도로 아이들이 태어났다.

핵심 세력은 공장을 이용하여 살았다. 그들은 자기 맡은 일도 잘하고, 자기 살림도 꾸릴 줄 알았다. 생산품인 알코올, 사탕, 물엿, 기름, 담배는 그 무렵 돈과 다름없었다. 그것은 공장 담장을 넘는 즉시 젊은 아내들의 매매 상품으로 변하여 다른 지역에서 온 장사꾼에게 넘겨져 전국으로 실려 갔다.

국가의 미공급은 이들을 통 큰 사람으로 만들었다. 배급으로 살던 시절에 비하지 못할 정도로 그들은 이밥에 돼지고기 국을 먹고 아이들은 중국 신발을 신고 중국옷을 입었다. 여인들은 중국 화장품으로 무장했다. 그들은 당당했다. 직장 혹은 작업반 회식을 위하여, 배급이 없는 작업반원을 출근시키기 위하여 생산품은 담을 넘었다.

작은 책임을 진 사람은 책임의 무게만큼 담장을 넘었고 큰 권력을 가진 이는 권력의 힘만큼 자동차로 빼돌렸다. 그래서 공공연하게 보위원(비밀경찰)은 보이지 않게, 안전원(경찰)은 안전하게, 당일군(당비서)은 당당하게, 행정일군(지배인)은 행동으로 생산품을 빼간다는 말이 노래처럼 나돌았다.

노동자는 알아서 눈치껏, 능력껏 몸에 품고 나오거나 가방에 넣어 조절하는 수밖에 없다. 매일 생산물을 조금씩 가지고 돌아오는 게 출근의 목적이 되었다. 하지만 정문, 후문을 지키고 있는 보위대의 눈을 피해야 공장 밖으로 나올 수 있다.

보위대 역시 동네에 사는 아가씨들이지만 봐주자면 한도 끝도 없다. 그래서 정말 친한 사람이나 상급자들의 인맥이 지나갈 때만 먼산을 쳐다본다. 하지만 권력의 끄나풀이 없는 이들은 가차 없이 몸수색을 당한다. 더러 생산품을 빼앗긴다. 뺏긴 사람들은 운이 없는 것으로 끝나지 않는다. 안전부에 가서 일장 훈시를 듣고 비판서를 쓰고 직장에 통보된다. 공장 정문을 통과하지 못하는 사람은 점점 출근하지 않는다.

생산품이 저절로 발이 달려 장사꾼에게 갈 수는 없다. 아내들은 순식간에 장사꾼으로 변신해 공장에서 나온 생산물을 사고파는 직업을 만들어 갔다. '고난의 행군'이 시작된 이후 주원료인 옥수수가 들어오지 않아 식품 생산은 중단되었지만, 담배 생산은 계속되었다. 군대에 공급하기 위해서다. 담배는 곧 공장의 유일한 돈줄이 되어 갔다.

주원료인 잎담배를 만질 수 있는 사람은 잎담배를, 잎담배를 썰어 각초를 만드는 직장에서는 각초를 가져간다. 담배를 만드는데 필요한 자재들인 알코올, 물엿, 권지, 포장지 등 모든 부품이 공장 담을 넘어 현금화되었다. 담장 옆 사택은 1차 접수처 그리고 언덕 위의 사택 마을은 2차 접수처가 되었다.

국가에서 배급을 주지 않을수록 생산품 조절은 더욱 심해졌다. 먹고 살기 위해 뭐라도 해야 했다. 아래 사택 마을은 담을 넘은 반제품을 포장하여 완제품을 만든다. 시오 리 떨어진 역전 가까운 마을로 그것을 실어 날라 생계를 유지한다. 흔히 말하는 앞쪽(순천, 평성, 평양 등) 장사꾼이 마을로 와서 담배를 사면 공장 보위대, 안전원이 길목을 지키고 섰다가 불법 행위로 몰수해 가기 때문이다.

돈을 주고 샀다고 우기면 더 큰 법의 심판을 받는다. 그냥 피 같은 돈 떼이고 이것으로 그치게 해 달라고 손이 발이 되도록 비는 수밖에 없다. 그래서 시오 리 떨어진 마을까지 자전거 뒤에 담배를 실어 나르는 직업이 생겼다.

공장에서 조금 떨어진 언덕마을은 원자재를 사서 다시 새로운 담배를 생산하여 그것으로 생계를 유지한다. 온 마을이 공장의 '혜택'으로 살아간다. 그러나 우리가 사이좋게 나누어 먹고사는 모습을 지켜보는 눈이 있다. 법의 눈길도 점점 날카로워진다.

법의 울타리 안에 한 발 걸친 사람들은 그것으로 연명한다.

이중 삼중 통제 또한 갈수록 노골적 갈취로 이어져 삶을 핍박한다. 갈취도 양면성이 있다. 당당한 갈취를 허용 받은 이와의 인맥은 힘으로 변한다. 인맥은 그것을 이용할 수 있는 가족, 친지들에게 생계 수단으로 활용된다. 비난해 봐야 소용없다. 힘없는 것이 죄이고 힘이 없으면 다른 식의 생계 수단을 찾아야 한다. 국가의 배급 공급이 사라진 자력갱생의 시대를 사는 방법이었다.

누구를 위하여 화구를 막나

삶이란 묵묵히 견디는 것이라 부모님은 자신의 일생으로 보여 주었다. 견딤은 어린 시절부터 익숙했다. 학생도 공부만 하는 게 아니다. 학교에서 요구하는 파철, 파동, 토끼 가죽 등 한마디로 각종 부역에도 충실해야 했다. 빈손으로 학교에 오면 집으로 돌려보내거나 강압적인 욕과 비판이 쏟아진다. 모욕과 압력을 견뎌낼 담이 없어 집에 없는 물건은 공장에서 일하는 아버지를 쫓아가 조른다.

사회는 진실하고 성실하게 살라고 요구했다. 충실하려 애썼다. 남보다 더 열심히 일하는 것만으로 부족했다. 똑같이 배급을 타고 불법이라고는 눈을 씻어도 찾을 수 없는 삶에서 남보다 눈에 띄려면 희생이 따랐다. 부모님은 애써 기른 돼지를 내놓았고 자식들의 허리띠를 졸라맸다. 당과 조국을 위한 헌신이라고 믿었기에 마음이 뿌듯했다.

당에서 요구하는 삶을 살아야 했다. 조국과 민족을 위해 개인의 삶을 희생하는 것은 영광이다. 중학교 시절, 열아홉 살 피 끓는 청춘으로 적의 화구를 막은 청년의 삶을 우러렀다. 하나밖에 없는 조국을 위해 목숨을 바쳐 영웅이 된 그처럼 살자고 다짐했다. 육체적 생명보다 조국과 함께하는 영원한 정치적 생명이 중요하다.

정치적 생명을 지켜 주는 조국이 육체적 생명은 책임지지 못했다. 스스로 자신을 살려야 했다. 인간은 먹어야 산다. 생존이 최우선이다. 몇 끼를 굶고 내일 아이들의 입에 들어갈 쌀 한 톨이 없을 때 비로소 자기 운명의 주인은 자신이라는 주체사상이 삶을 관통했다. 내 삶을 위해 일어나야 했다.

많은 사람이 죽었다. 외할머니도 외삼촌도 사망했다. 열악한 환경으로 빚어진 영양 상태는 힘없는 이들에게 죽음이 옆에 도사리고 있음을 깨우쳐 주었다. 죽음의 경계에 가까워질수록 아무도 알려주지 않은 사실이 보였다. 세상에서 제일 좋은 내 나라의 실상이다. 강 하나를 사이에 두고 다른 세상이 있어 현실이 더 선명하게 보였는지도 모른다.

어느 날 시장에 갔다가 놀랐다. 우리를 고립시키고 경제난을 촉발

한다는 미국이 쌀을 보낸다는 사실 앞에서다. 이전에도 유엔이 구호미를 보낸다는 걸 알았지만 직접 보기는 처음이다. '미국에서 보내는 쌀'이라고 커다란 글자가 찍힌 마대를 보니 실감이 났다. 쌀은 어디론가 사라지고 빈 마대만 남아 있었지만, 그것으로도 충격이었다. 설마 하고 생각했던 당국자들의 선전이 거짓말이라는 걸 마대가 증명하고 있었다.

갈팡질팡하는 시절이라 소문도 무성했다. 강 하나를 사이에 둔 중국으로 갔다가 잡혀 온 사람들이 앞집 옆집에 늘어 갔다. 동정의 시선과 함께 두 아이를 두고 중국에서 잡혀 온 여인에게 비난도 쏟았다. 회의에서 비판도 했다. 그런 사회적 힐난에도 도강자가 줄기는커녕 계속 늘었다. 법에 검거되면 걸어 들어갔다가 누워 나올 만큼 혹독한 시련을 겪었다. 뼈만 앙상하게 남아 죽기 직전에야 들려 나왔다. 하지만 조금 회복되면 자취를 감췄다.

왜? 왜 무시무시한 보위부와 노동단련대의 문턱을 넘나들며 위험을 감수할까. 의문이 꼬리를 물었다. 뜻밖에 중국의 실상을 직접 들을 기회가 생겼다. 시댁에 중국에서 친척이 왔다. 도강으로 강을 넘었던 시어머니와 함께였다. 50대의 중늙은이인 그는 모인 자식들을 보며 단 가마에 물 붓기라고 한숨을 내쉬었다. 외부의 도움으론 시대의 가난을 넘을 수 없다는 푸념이었다.

시어머니는 말을 아꼈다. 그러나 강 하나를 건너면 천국이라는 한마디로 충분했다. 이런저런 풍문이 사실임을 증명하는 한마디였다. 집으로 돌아와 긴긴밤 혼자 머리를 싸쥐고 생각했다. 강 하나를 건너면 다른 세상이 존재하는데 나는 얼마나 바보인가. 앞집 친구나 비난을 서슴지 않았던 옆 동의 두 아이 엄마가 이해하지 못할 사람이 아니라는 걸 비로소 알았다. 그들은 세상을 보는 눈이 있고 용기 있는 사람들이었다.

전기가 오지 않는 밤은 길다. 흘러드는 달빛을 보며 아버지는 가슴속에 깊이 넣어 두었던 이야기를 풀어놓았다. 그중 전쟁 때 미군 지프를 따라다니며 아이들이 초콜릿을 얻어먹었다는 이야기는 놀라웠다. 승냥이라고만 배웠던 미군이었는데 그게 아님을 알았다. 증조부 이야기도 하셨다. 월남자라고 입에 올리지 않던 할아버지의 이름을 처음으로 가르쳐 주셨다.

흘러드는 달빛 아래 이야기는 밤마다 이어졌다. 배급 없이도 식량값이 안정되고, 의무 노동이 아닌 세상, 10년 전 중국에서 아버지가 본 현실이다. 굶주림에 못 이겨 강을 건넌 사람들의 이야기는 소문이었지만 중국에선 개도 이밥을 먹는다는 아버지의 이야기는 체험이었다.

아버지는 나란히 누워 잠든 손녀들을 애잔한 눈길로 바라본다. 당신은 다른 세상도 살아 보았고 죽을 날이 얼마 남지 않았지만, 이 세상을 살아갈 아이들이 불쌍하다고 비탄의 한숨을 쏟아 냈다. 아마 그때 우리를 버린 국가를 버렸는지 모르겠다. 아이들을 지켜야 한다는 생각 하나만 남았다.

가난 구제는 임금도 못 한다고 한다. 배급이라는 말조차 입에서 사라지고 있었다. 한해 흉년이 3년을 간다고 하는데 몇 삼 년을 이어지는 흉년에 과연 살아남을 수 있을지, 한숨만 깊어지는 길고 긴 밤이 쌓여 갔다.

그 시간에 '나라를 위하여 화구를 막아야 한다'의 신념이 '가족을 위하여 화구를 막아야 한다'로 자리 잡았다. 목숨을 나와 아이들을 위해 바쳐야 한다는 생각이다. 이 생각이 인생의 모든 고난 앞에 용감할 수 있게 했고 주저앉지 않게 했다.

제2부

코끼리 동상아래

꼼짝 말고 손 들엇!

캄캄한 밤, 철퍼덕철퍼덕 기슭에 부딪히고 다시 떠밀려 가는 물소리가 유난히 크다. 불빛 한 점 없이 어둠이 도사리고 있는 강가다. 물소리만 얼어붙은 가슴을 깨뜨린다. 그 위로 조심히 자갈 밟는 소리가 얹힌다. 두만강가에 모인 일행은 다섯이다.

여자가 아는 사람은 길 안내를 맡은 한 명뿐이다. 그가 손짓으로 가리키자 재빨리 허리를 굽혀 신발을 갈아 신었다. 물속에 들어서도 벗겨지지 않는 지하족(일할 때 신는 신발)의 끈을 졸라맨다. 막 허리를 펴는데 갑자기 쇠붙이의 날카로운 철커덕 소리와 함께 '꼼짝 말고 손들엇!' 하는 음성이 번개처럼 떨어진다. 불과 3m 앞에서 검은 그림자 두 개가 일어선다. 순간 여자는 저도 모르게 물속으로 뛰어들었다.

5월의 두만강은 차다. 한밤의 냉기와 물살에 숨이 막힌다. 몸이 말을 듣지 않는다. 발이 바닥을 밟지 못하고 둥둥 떠내려가기 시작했다. '이렇게 죽겠구나.' 순간 뇌리를 스쳐 가는 생각이다. 하지만 굳어지는 몸과 함께 무거운 머리가 자꾸 물속으로 들어간다.

누군가 불현듯 여자의 팔을 잡는다. 설핏 보니 안내자다. 그는 여자의 아래쪽에서 뛰어든 듯 떠밀려 가는 여자를 자신의 몸으로 막는다. 순간 풀렸던 다리에 힘이 돌아온다. 그제야 상황이 인지된다. 한 사람은 이미 강변에서 잡혔고 앞쪽으로 두 사람이 물을 가르는 것이 보였다. 안내자도 다시 앞서간다. 여자가 마지막이다.

뒤를 흘깃 돌아보니 총을 추켜든 병사 한 명이 막 물에 들어선다. 이제 강기슭이 지척이다. 십여 미터의 돌 깔린 강변을 지나면 앞에 말라 버린 잡초들이 웅크리고 있다. 저기까지만 가면 적어도 숨을 돌리고 몸을 감출 수 있다. 한 발이 땅을 짚는다. 몸을 앞으로 끌어 올리는데 푹 젖은 겉옷과 주머니에 가득 찬 물이 천 근 같다. 안간힘을 써 옷을 눌러 물을 빼려고 애쓴다.

제발 몸에 힘이 남아 있기를 바란다. 여자는 세 끼를 굶고 긴장에 넋이 나가 버렸다. 그러나 아직 완전히 희망을 버리지 않았다. '서라!' 고함이 등 뒤에서 울린다. 힘이 빠지는 몸을 일으키려 애쓴다. 앞을 바라보니 앞선 사람들은 무성한 잡초 속에 몸을 숨긴 듯 보이지 않는다. 이제 갈대숲은 눈앞이다.

그때 뒤에서 들리는 거친 숨소리가 귓가에 닿는다. '아, 아, 끝이로구나.' 순간 몸이 획 돌아섰다. 다시 물가를 향한 여자의 눈에 이미 땅에 올라선 병사가 덮치듯이 다가온다. 병사가 선 아래쪽을 향해 다시 물로 뛰어들었다. 이제는 무섭지 않다. 모든 것이 멀어져 간다. 병사가 여자를 따라 물로 들어선다. 둥둥 떠내려가는 여자를 당기며 고함을 친다. "죽자고 그래?" 그 소리에 희미해지던 정신이 돌아온다.

여자가 끌려간 곳은 경비 초소다. 전기가 없어 초 하나로 어둠을 밀어내는 방에 중대장이 혼자 펑펑이(옥수수 튀긴 것)를 먹으며 여자 둘을 심문한다. 작은 초소 막에는 책상 하나와 의자 하나뿐이다. 주르르 물이 떨어지는 여자 두 명을 벽 쪽으로 돌아서게 한 그는 느긋하다.

밤이 새려면 아직 멀다. 서두를 일도 없다. 조서를 작성하고 내일 아침 인계하면 되는 모양이다. 간단하게 어디 사는 누구냐를 묻는다. 입에서 나오는 대로 거짓 이름, 거짓 주소를 부른다. 작은 방에 찬 구수한 냄새가 창자를 뒤틀며 숨을 막는다. 몇 끼를 굶은 뱃속이 반응한다. 굶주린 사람에게 낱알 냄새가 이렇게 고문이 될 수도 있다는 걸 저 사람은 알까?

손이 떨리고 다리가 떨린다. 덜덜 떠는 여자의 모습이 그에게도 보였는지 앉아도 좋다고 한다. 구역질이 올라와 숨을 틀어막는다. 조금만, 조금만 견디자. 희끄무레한 구석에서 몸을 꼬며 머리를 다리 사이에 묻는다. 입으로 숨을 내쉬며 코를 막아 본다. 몸을 똬리처럼 꼰다. 그 자리에 스며들어 없어지면 좋겠다고 생각한다.

밤이 점점 깊어 간다. 새벽이 오는 듯 먼 곳에서 닭 울음소리가 들린다. 묶인 두 손을 가만히 비틀어 본다. 젖은 몸이 말라 가고 손목도 보송해져 한결 움직이기 쉽다. 날이 밝으면 어떻게 될까, 보위부나 안전부에 넘겨져 취조와 심문, 그리고 노동단련대, 생각만으로 몸서리가 쳐진다.

손을 가만가만 움직여 노끈을 풀어 보려고 한다. 옆에 있던 여인도 여자의 시도를 알아챈 듯 자기 손을 가져와 여자의 매듭을 만져 본다. 그들은 서로 상대의 매듭을 풀어 보고 입으로 물어뜯어 본다.

가슴이 종잇장처럼 얇아지는 시간이 가고 밧줄이 헐거워진다.

그들을 지키던 병사는 문 앞 의자에서 코를 골며 자고 있다. 만약을 생각해 문 앞에 앉았나 보다. 조심히 자는 병사를 넘는다. 온몸이 후들거린다. 당장이라도 그가 눈을 뜨고 소리칠 듯하다. 흔들리는 몸의 중심을 간신히 다잡는다. 문을 살며시 밀고 나온다.

다행히 어둠이 아직 다 가시지 않았다. 여자는 정신없이 앞쪽으로 달린다. 얼마쯤 달리다 돌아보니 초소가 보이지 않는다. 이번에는 산책이라도 나온 듯 태연하게 걸으려 모질음을 쓴다. 집으로 가려면 한 시간쯤 걸어 올라가야 한다.

어느새 사위는 훤해졌다. 집집의 굴뚝에 연기가 피어오른다. 큰길 옆 논판에 일찌감치 나온 사람들의 모습이 보인다. 모내기 철이라 모판 관리를 위해 나온 이다. 그들을 보자 평범한 하루의 시작 속에 들어왔다는 안도감에 온몸이 나른해진다. 길옆에 주저앉는다.

집에서 굶고 있는 아이들이 머리에 떠오르자 다시 일어선다. 길 한쪽에 푸릇한 배추밭이 보인다. 작년에 뿌려 둔 씨가 자랐나 보다. 얼른 사방을 둘러본다. 인적기가 없는 것을 확인하고는 서둘러 다가간다. 마을에서 누구라도 마주친다면 배추 때문에 나왔다고 믿어 주길 바라는 마음이 간절하다. 한밤중 강가에서 있었던 일은 어둠 속 비밀로 묻힌다.

“머리카락 파세요”

중국 땅, 도시와는 멀리 떨어진 시골에 삼십 대의 남자와 그의 어머니가 살았다. 남자는 노총각이었고 그런 그는 어머니의 근심거리다. 그들은 나를 데려오기 위해 한 해 지출에 맞먹는 큰 액수를 지불했다. 마을에 소문은 금방 퍼졌다. 아이들이며 노인, 젊은 여자들 할 것 없이 귀를 쫑긋 세우고 우리의 동정을 살폈다.

거의 모두가 혈연으로 묶인 마을에서 북한 여자라는 이질감을 지닌 나는 사람들의 눈을 피할 수 없었다. 밖에서는 물론이고 집에만 있어도 호기심 어린 시선이 따라다녔다. 남자들은 술을 마시러 와 곁눈질하고 여자들은 남편을 찾으러 오거나 시어머니와 한담을 핑계 삼았다. 때로는 쉬운 언어로 소통을 시도하는 사람도 있었다. 찾아오는 이들에게 악의는 없지만, 내게 그들은 불편한 존재였다.

무기력한 어린애가 되었다. 할 수 있는 일도 없었고 하려고도 하지 않았다. 지켜보는 눈길을 피하지 않았고 어떻게 하면 말과 글을 배울까만 고심했다. 말이 통하지 않아도 그들은 살뜰히 대해 주었다. 어머니의 지혜로운 눈길은 나의 매 행동을 보고 있으나 보지 않는 듯 스스럼없었다. 아들이 일하러 나가면 어머니는 쉬운 말을 알려 주고 중국식 요리법을 가르쳐 주었다. 내 중국어를 가장 잘 알아듣는 사람도 그의 어머니였다.

공안을 피해 은신처를 찾았던 나는 곤란한 입장이 되었다. 계획했던 3개월이 다가오지만, 중국어는 몇 마디밖에 할 수 없었고 뉴스를 들으면 말이 귀 밖으로 미끄러졌다. 더욱이 점점 두 사람과 인정으로 얽히기 시작했다. 나에게 진심인 남자와 남자의 어머니에게 고마움을 느낄 때면 어떻게든 다시 냉정해지려고 애썼다. 나를 의심하거나 아니면 화를 낸다든지 의견이 충돌하면 마음이 편할 것 같았다.

진정한 인연을 만들 생각이 없었다. 그들이 비정한 사람들이어서 피해자로 정당하게 집을 나가는 것이 목표였다. 아니 적어도 양심의 부담을 덜고 싶었다. 내가 떠난 후 절망할 상황을 만들지 않으려 했다. 가난한 살림에서 지출한 큰돈과 사람까지 잃을 상황이 훤히 보였다. 비바람을 막고 공안의 눈을 피할 잠자리만 있으면 된다고 생각했지만, 상황은 점점 꼬여 갔다.

두어 달이 지날 무렵 병든 닭처럼 시름시름 앓기 시작했다. 집을 떠난 후 겪은 극심한 피로와 긴장 때문인지도 몰랐다. 온몸에 힘이 없고 때때로 바짓가랑이를 타고 피가 줄줄 흘러내렸다. 한 달에 몇 번씩 그런 일이 계속되자 더럭 겁이 났다. 이름조차 거짓으로 사는 땅에서 한 줌 흙으로 변하면 애타게 기다릴 아이들과 부모님께 얼마나 큰 죄인가? 마음을 다져 먹고 도움을 청했다.

어머니는 나와 함께 병원을 전전했다. 말은 잘 모르지만, 눈치로 이해했다. 신분증이 없어 큰 병원에 가지 못하고 작은 병원을 찾아다녔다. 어느 날은 한의사에게로 갔다. 70대 노인인 의사는 맥을 짚어 보고 장담했다. 지어 주는 약을 먹으면 내년 이때쯤 아들을 낳을 터이니 돌잔치에 자신도 초대하란다.

한 달분의 한약을 받아서 돌아왔다. 어머니는 지극정성으로 매끼 약을 달이고 쓴 약을 삼키길 기다려 사탕을 입에 넣어 주었다. 나도 모르는 사이 진심으로 어머니라 부르게 되었다.

부처는 경에 막히고 인간은 정에 막힌다고 하였던가. 닫으려고 애쓴 마음이 조금씩 열렸다. 고향에서 전화를 받은 날 두 딸 이야기를 하였다. 아이들이 살아가려면 돈이 필요하다는 말을 들은 남편은 두 말하지 않고 얼마가 필요하냐고 물었다. 천 원이라고 답했다. 사실 돈을 주리라고는 바라지 않았다. 신뢰는 고사하고 부러 밉상인 짓만 골라 한 자신을 알아서다. 또 가난한 농가의 형편을 모르지 않았다.

얼마 후 남편이 천 원을 들고 왔다. 친구에게 빌려 온 그 돈 앞에서 고개를 떨궜다. 땅처럼 진실한 그들 앞에 가면을 써야 하는 처지가 스스로도 처연했다. 차마 삼백 원이 더 필요하다는 말을 꺼낼 수 없었다. 아이들이 천 원을 받으려면 브로커 비용 삼백 원이 더 있어야 했다.

다음 날이었다. 담장 밖이 소란스러워졌다. 머리를 깎아 주는 사람이 온 것이다. 시끌시끌한 노랫소리에 끌려온 아이들이 먼저 머리를 자르고 점심때쯤 되자 한산해졌다. 빈약한 중국어 밑천으로 해석한 말은 '매이 터우빠라'였다. 분명히 '머리를 자르세요'가 아니라 '머리를 파세요'로 들렸다.

한줄기 생각이 스쳤다. 담 밖을 바라보자 이발해 주던 남자만 남아 있었다. 슬며시 문을 나섰다. 내 머리카락을 팔 수 있냐고 물었다. 집을 떠난 후로 머리는 한참 자라 등 뒤를 덮고 있었다. 남자가 손가락을 세우며 180원을 주겠다고 한다. 속으로 들리지 않게 한숨을 내쉬고 이백 원을 달라고 더듬더듬 사정했다. 짧게 잘라도 괜찮다고 하자 가족의 허락을 받았냐고 묻는다.

머리카락을 뭉텅 잘라 냈다. 머리가 가벼워졌다. 뜻밖에 손에 쥐어진 200원에 횡재라도 한 기분이다. 나를 본 시어머니는 깜짝 놀랐다. 사정을 듣자 아무 말도 하지 않고 손에 쥔 염주만 굴렸다.

거울 앞에는 사내애처럼 짧은 머리의 낯선 여자가 서 있다. 그래도 마음만은 흐뭇하다. 돈을 보낼 수 있다는 생각 때문이다. 아이들이 한동안 걱정 없이 살 수 있는 것에 비하면 짧아진 머리는 아무것도 아니었다. 어차피 어디 다니지도 않는 몸, 글이나 열심히 익히자.

하지만 두 사람은 불편해 보였다. 저녁밥을 먹으면서도 서로 눈을 마주치지 않고 서먹하다. 식사를 마치자 어머니가 슬그머니 돈 백 원을 상위에 올려놓았다. 그 돈을 집어 들며 울컥한 감정이 솟구친다. '고맙습니다.' 시간과 함께 나는 그들의 진정한 식구가 되어 갔다.

코끼리 동상 아래

10월의 북쪽은 가을이 끝나 간다. 아침저녁 서리가 내리고 여름 옷은 자취를 감춘다. 출발하며 두꺼운 옷을 입었던 우리는 하나씩 겉옷을 벗으며 계속 남쪽을 향해 내려간다. 이제 마지막 도시에 도착했다. 막 기지개를 켜는 아침이었지만 벌써 더운 바람이 코끝을 스친다. 커다란 야자나무 그늘이 사람들을 모은다. 아이들과 함께 일주일간 버스로, 기차로 이동했다. 이제 이 모험의 끝자락에 닿았다. 중국 대륙을 가로지르는 길은 우리끼리의 여정이었지만 국경을 벗어나기 위해서는 안내자가 필요했다.

약속 장소를 찾아 나섰다. 역 앞 넓은 광장엔 커다란 코끼리 동상이 있다. 얼마나 큰지 그냥 앞이라고만 해서는 가늠이 가지 않는다. 길게 드리운 코 그림자 옆인지 아니면 다리 쪽인지 알 수 없다. 코끼리 네 다리 그림자에도 사람들이 뭉쳐 있어 눈으로는 안내자를 찾을 수 없다. 핸드폰을 누르자 전화가 연결되고 한 사람이 손을 들고 나선다.

재빨리 훑어본다. 수염이 더부룩한 40대의 남자는 선량해 보였다. 국경 마을로 가는 버스가 저녁에 있으니 준비하고 오라고 한다. 앞으로의 여정은 오로지 그를 믿을 수밖에 없다. 보다 큰일이 앞에 있다. 아이들과 여기서 헤어져야 했다. 그 사실을 모르는 딸들에게 어떻게 말을 꺼내야 할지 난감하다.

함께 시장으로 갔다. 10시간 이상 가야 하니 도중 식사와 간식을 준비하기 위해서지만 꼭 사고 싶은 것이 있다. 달걀과 그것을 삶을 포트다. 길 떠날 때 삶은 달걀을 먹어야 한다는 고향의 비방(祕方)을 행하고 싶어서다. 운이 따라 줘야 하는 일에 달걀을 먹는다. 둥글둥글 달걀이 굴러가듯 모난 상황에 부딪히지 말기를 바라는 기원이다. 가는 길이 무탈하기를 바라는 간절한 마음이었다.

어마어마하게 큰 시장이 눈앞에 펼쳐졌다. 맵싸하고 독특한 ○○성 요리가 두 눈 가득 들어온다. 기름기에 절은 앞치마를 걸친 번대머리 남자가 재빠른 솜씨로 볶음밥을 뒤집는다. 고소하고 맛있는 냄새가 발걸음을 잡는다. 입가에 묻은 기름기를 서로 닦아 주며 골목을 넘어서자 과일이 산처럼 쌓였다. 처음 열대 과일을 구경하는 아이들의 얼굴에 호기심이 반짝인다.

그들에게 국경을 넘은 지난 며칠은 익숙한 어둠에서 갑자기 태양이 눈부신 곳으로의 순간 이동이다. 몇 년간의 그리움이 빚어낸 꿈은 아닐까. 생소한 중국어와 낯선 옷차림, 코끝을 찌르는 향신료 냄새가 꿈이 아니라고 말한다. 우리에게 지난 며칠은 꿈이 현실로 된 시간이다. 밤이면 침대에서도 꼭 붙어 잔다.

길옆에 행상꾼이 크고 작은 중국 지도를 펼쳐 놓고 있다. 커다란 지도가 맘에 들어 삼 원을 내고 한 장 받았다. 숙소에서 아이들과 함께 우리가 떠난 두만강가로부터 지나온 이름들을 찾아 하나씩 동그라미를 그린다. 여기서는 무슨 밥을 먹었고 이 역에서는 언제 기차를 탔는지 기억을 되새기며 내려오니 어느덧 이 도시에 닿는다.

동그라미를 잇자 넓은 대륙에 하나의 선이 뚜렷이 그어졌다. 지도상으로도 한눈에 담기 쉽지 않은 거리다. 이제 가야 할 길이 또 그만큼이었다. 가장 위험한 구간을 잘 지나왔다고, 계획대로 되고 있다고 위안한다.

연락을 위해 산 허름한 폴더 폰의 작동 방법을 알려 주자 둘이서 티격태격한다. 장난감을 손에 쥔 어린애들 같다. 엊그제까지 북쪽에서 위험한 통제품이던 핸드폰을 마음대로 쓰라고 하니 신기한 모양이다.

밝은 아이들의 얼굴을 보니 입이 떨어지지 않는다. 그래도 내가 약한 모습을 보이면 그들도 두려움에 잠길 것 같다. 마음을 다잡고 입을 뗀다. 이제부터는 엄마와 떨어져 너희들끼리 가야 한다고, 안내자와 동행이 있을 테니 너무 겁내지 말라고 타이른다. 작은애는 방글거리지만, 큰애의 얼굴이 어두워진다. 금방 눈물이라도 떨어질 기세다. 그러나 지금이야말로 강해져야 한다고 마음을 다잡는다.

"살다 보면 엄마 도움 없이 스스로 해야 하는 일도 있어. 지금이 그렇구나. 이 순간을 잘 이겨 내야 한국에서 만날 수 있단다."

어떤 애원도 통하지 않는다는 걸 깨달은 딸의 얼굴에 눈물이 흐른다. 어려운 순간에 부딪힐 때 힘이 되어 줄 말을 하고 싶은데 오히려 말문이 막혔다.

시간은 빨리도 갔다. 5시가 되자 터미널로 향했다. 이곳저곳을 헤매고 돌아 커다란 이층 버스를 찾아냈다. 아침나절 만났던 안내자가 아닌 운전기사가 우리를 보고 타라고 손짓한다. 두세 번 확인하자 시끄럽다고 손을 내젓는다. 자기가 책임지고 갈 테니 걱정하지 말란다. 하지만 불안이 짙어진다. 함께 갈 동행이 있지 않을까 하는 기대도 바람으로 끝났다.

일행은 아이들뿐이었다. 제일 구석 쪽 2층 침대를 예약하고 아이들을 바라봤다. 마음이 한없이 착잡하다. 말 한 마디 알아듣지 못하니 새삼 걱정이다. 내가 잘하는 것인지, 후회 비슷한 감정이 생긴다. 앞길이 안전하다고 어찌 장담한단 말인가. 예상 못 한 일이 생긴다면? 잘될 거라던 믿음에 회의감이 든다.

어제까지만 해도 모두 잘 풀릴 거라 안도했다. 계획도 실행도 명확했다. 막상 아이들을 떠나보내야 하는 순간 그래야만 한다던 신념이 불투명해졌다. 생사를 담보할 수 없고 운에 기대는 현실이 아프게 가슴을 조인다. '만약'이라는 두 글자가 어른거린다. 아이들의 운명에 씻을 수 없는 죄를 짓게 되는 건 아닐까.

'그래야 한다.' '만약'이 엇갈리며 소용돌이를 일으킨다. 가슴 밑바닥에서 생겨난 두려움이 똘똘 뭉쳐 스멀스멀 온몸을 에워싼다. 지금이라도 돌아설까, 그럼 한국에서의 만남은 꿈으로 남는다. 종잡을 수 없는 마음이다. "엄마." 하는 부름에 귀가 아니라 몸이 떨린다. 내 동요를 눈치챈 딸이 오히려 위로한다.

"괜찮아. 우리끼리 갈 수 있어. 무슨 일 있으면 전화할게."

매달리듯 안겨 온 딸의 속삭임이 들린다. 딸이 손에 남겨 준 달걀의 온기가 따뜻하다. 검은 연기를 내뿜으며 버스는 떠나 버렸다. 석양이 지고 어둠이 깃든 정류장에 혼자 남았다. 이제 버스는 보이지 않는다. 바큇자국만 남은 길 너머에서 눈을 떼지 못하겠다. 가슴이 쓰렸다. 고춧가루를 버무린 듯 얼얼하다.

수탉의 교만

모든 것이 낯설었다. 아궁이에서 타고 있는 옥수수 짚도 처음 보는 커다란 가마솥도, 냄새마저 다르다. 석탄이 타며 탁탁 소리를 내던 익숙한 부엌이 아니다. 옥수수 대가 타는 들큼하면서도 알싸한 냄새가 생소한 곳임을 일깨운다.

영화에서나 보았던 나무로 만든 긴 걸쇠가 달린 판자문을 밀고 밖으로 나왔다. 아침의 신선한 공기에도 굴뚝을 빠져나가는 흰 연기에도 옥수수 짚 내음이 섞여 있다. 마당 앞쪽은 야트막한 토담 울타리로 막힌 텃밭이다.

초봄이어서 군데군데 파란 풀빛이 보인다. 붉은 볏을 멋스럽게 흔드는 수탉을 선두로 몇 마리의 닭들이 땅에 머리를 박고 흙을 찬다. 불현듯 토담 위에 날아오른 수탉이 '꼬끼오' 하고 힘차게 울며 마당 한구석에 높이 쌓인 옥수수 더미를 향해 간다.

아마 암탉들에게 자신의 존재를 과시하는 모양이다. 이삭 채 산처럼 쌓인 옥수수 더미 앞에서 툭툭 부리로 쫓고 발로 파헤친다. 잠시 후에는 암탉들까지 우르르 몰려와 벌레라도 찾는지 사정없이 헤집는다. 옥수수 귀퉁이가 무너져 내리고 이삭이 여기저기 튕겨 나간다. 뭘 고르고 있을까?

닭을 길러 본 적 없어 수탉의 생리적 현상이 무언가를 찾는 것으로 보인다. 하필이면 낟알 위에서 저럴까? 그 행위가 못마땅해 쫓아본다. 흘깃 바라본 수탉이 피하지도 않고 오만한 걸음걸이로 다른 모퉁이로 돌아간다. 그러고는 여봐란듯이 옥수수를 걷어찬다.

당당한 걸음걸이에 '내가 주인이야' 하는 위세가 보인다. 판자문이 열리고 주인집 할머니가 구정물 소랭이를 들고 나온다. 우리들의 실랑이를 본 듯 괜찮다고 손을 젓는다. 닭 무리가 평화를 즐기며 다시 옥수수 이삭을 파헤친다.

그 모습을 멀거니 바라보다 문득 몽둥이에 머리를 맞은 듯 충격이 왔다. 여기서 저 옥수수는 식량이 아니고 사료다. 돼지나 닭이 먹는 사료, 강 하나를 건너왔을 뿐인데 의미가 다르다. 우리에게 주식으로 소중한 옥수수가 가축 먹이다.

저 옥수수를 얻으려 여인네들이 아침부터 밤까지 장마당에서 울며 떨며 호객을 했다. 하나라도 팔려고 악을 썼다. 옥수수가 없어 굶주린 아이들은 학교에 가지 못한다. 그뿐이랴, 옥수수만 있다면 강을 건너온 여인네들이 자기 몸을 물건으로 팔지 않아도 되는데, 아니 애당초 강을 넘을 엄두도 내지 않았겠지.

고작 강 하나를 사이에 두고 삶이 이토록 다르다니. 생과 사가 공존하고 지옥과 천당도 함께 있다지만 넓지도 깊지도 않은 마을 앞 시내와도 같은 강이다. 그 강이 반역과 불법을 가르는 경계가 된다. 살려고, 살리려고 마음에 칼을 품고 넘으려는 자와 지키려는 자의 싸움터가 된다.

누구의 잘못인가? 사회주의를 지켜 굶어 죽은 사람도 보았다. 옹이투성이 나무 관에 누워 달구지에 끌려 야산에 묻힌 옆집 남편에게는 울어 줄 아내도 아이도 있었다. 그러나 먹을 것을 구하러 간 엄마가 며칠이 지나도 돌아오지 않자 아이들은 시장의 꽃제비가 되었다. 왜 그래야 했을까? 저 옥수수만 있다면 아이들은 엄마를 잃지 않고 여인은 자식을 잃지 않았을 것이다.

더 많은 것도 좋은 것도 바라지 않았다. 그저 옥수수면 되었는데…. 수탉이 딛고 선 저 옥수수면 강 저쪽의 수많은 사람을 살릴 수 있을 텐데, 눈물이 핑 돈다. 태어난 곳을 고르지 못하는 슬픔이요 가난한 나라에 태어난 설움이다. 너무 다른 세상을 보며 하늘을 원망해 본다. 어디서부터, 왜 이런 차이가 생겼을까.

당당한 수탉이 밉다. 서두르지 않는 제왕 같은 거드름도 싫고 우쭐거리는 걸음새마저도 교만으로 보인다. 못사는 나라 사람이라고, 잘사는 나라에서 산다고 온몸을 떨어 대며 위세를 떤다. 너무 그러지 마라, 너도 태어난 곳을 선택한 건 아니지 않은가!!

우물을 박차고

처음 한국 방송을 들은 건 90년대 초였다. 북한은 집집의 TV는 물론, 시장에서 유통되는 중국산 라디오도 채널을 고정해야 사고파는 게 가능하다. 조선중앙통신만 시청을 허용한다. 그래도 불안하여 TV

채널을 감독하는 체계를 세워 예고 없이 집집의 문을 두드린다. 이중 삼중으로 우물처럼 벽을 세우고 잘 감싸지만 그래도 틈새는 있다.

한번은 운 좋게 중국에서 갓 들어온 라디오의 채널이 막히지 않은 것을 발견했다. 이웃집과 벽 하나를 사이에 둔 하모니카 사택에서 라디오를 들으려면 먼저 문을 두껍게 막아야 한다. 그다음에도 만일을 생각해 이불 밑에서 나만 들을 수 있게 소리를 낮춘다. 마치 어린 시절 본 영화에서 간첩들이 그러하듯이.

그때 들은 내용이 20여 년이 지난 지금도 선명히 기억된다. 4분에 한 번씩 운행하던 전철이 파업으로 8분에 한 번씩 운행된다는 뉴스였다. 4분, 8분이 신기하고 마지막에 덧붙인 혼잡한 출퇴근 시 자가용, 배, 비행기를 이용하라는 말은 그야말로 딴 세상의 소리였다.

그 당시 고향에는 48시간이 지나도 열차가 오지 않았다. 몇 분이 아니라 몇 시간, 아니 하루에 한 번만 열차가 와도 감지덕지다. 자가용은 본 적도 없고 더욱이 출근에 비행기라니, 비행기는 너무도 먼 이야기여서 감히 상상할 수도 없었다. 간신히 얻어진 작은 정보들이 우물 밖 세상을 열어 주었다.

우물 너머엔 굶어 죽을 걱정이 없는 세상이 존재했다. 조심조심 그곳을 엿보기 시작했다. 알려고 위험을 감수했다. 걷잡을 수 없이 커진 생각들이 어릴 때부터 주입된 자본주의에 대한 두려움을 밀어냈다. 봄날에 피어나는 아지랑이처럼 보이면서도 잡을 수 없는 것을 갈구했다. 그것은 나서 자란 세계 너머를 보고 싶은 갈망이고 동경이었다. 이 갈망이 탈북을 추동했고 간신히 뿌리내린 중국의 삶을 놓을 수 있게 했다.

중국에 살던 당시 공안에 쫓겨 간 곳이 깊은 산골 오지다. 이별에 가슴이 시리고 낯선 언어의 장벽에 고립되었다. 출로를 모색했다. 생각 끝에 북한에서 한국 방송을 들었던 경험이 떠올랐다. 조그마한 소형 라디오를 구입했다. 작은 라디오는 음질도 좋지 않고 나오는 시간을 기다려야 했다.

그래도 날마다 새로운 소식을 들려주었다. 그 소리는 어두운 현실 너머 멀리에서 손짓하는 꿈의 메아리였고 미래와 연결된 단 하나의 끈이었다. 북한과 달리 마음껏 들을 수 있다는 데 감사했다. 현실은 낙관적이지 않았지만 천 리 길도 한 걸음에 시작된다고 하지 않았던가?

암울했던 시간이 지나자 꿈은 이루어진다는 격언처럼 어느 날 문득 삶에 기적이 찾아왔다. 긴 여정을 돌아 대한민국 국민이 되었다. 지난날 숨어서 들었던 한국의 노래와 춤, 뉴스가 더는 신기한 먼 세상의 것이 아니다. 전철은 4분이 아니라 2분에 한 번씩 오가고, 차를 운전하고 출근하는 것이 일상이 되었다. 북한에서 그리도 보고 싶었던 드라마나 영화는 관심에서 멀어졌다.

어느 날 국제 전화 한 통을 받았다. 북한에 사는 조카가 한국 영화를 보다 잡혀갔고 법 판결을 받기 전에 손쓰려면 돈이 필요하다는 소식이다. 새삼 고향 사람들의 억울함이 가슴에 사무치고 오늘이 새롭다. 앉아서도 지구의 모든 소식을 듣고, 실시간으로 필요한 정보를 모으고, 세상 어디라도 간다.

한 나라 동시대를 살며 다른 쪽에 산다는 이유만으로 눈 감고 귀 막은 삶을 강요당하는 가족이 가엾다. 북한에 사는 운명이 한스럽다. 그들이 사는 우물은 깊고 컴컴하다. 열린 너머로 보는 하늘마저도 작은 조각이다. 조각이라 하여 하늘을 느낄 수 없는 건 아니다.

우물을 박차고 다른 세상에 사는 가족과 친구가 있다. 북이라는 우물을 탈출한 사람들이다. 그래서 탈북민이라 불린다. 탈북민은 우물 밖 하늘의 실상이다. 가족과 지인에게 보이는 다른 세상의 모습이다.

그 앞에 '내 나라 제일 좋아'는 공허한 외침이 되고 만다. 존재만으로 가족에게, 고향 사람들에게 힘이 되고 희망을 주는 사람들, 그들이 탈북민이다.

어제, 그리고 오늘

나에게는 친구가 있다. 이제는 아득해진 초등학교 시절부터 중학교까지 십 년을 한 교실에서 공부하며 자랐다. 친구와 때로는 경쟁자가 되었고 때로는 사이좋은 어깨동무가 되기도 했다. 중학교를 졸업하자 뿔뿔이 헤어졌다. 부모의 직업과 출신성분에 따라 공장과 농촌에 배치받았다.

친구와 나도 다른 삶을 살았다. 친구의 아버지는 시 간부였다. 작은 소도시에서 거의 모두가 공장이나 농촌에서 일하는 부모를 둔 우리에게 친구 아버지는 멀리 있는 존재였다. 당연히 그 친구는 지금도 북쪽에서 잘 살 줄 알았다. 어느 모임에서 서울에 사는 그의 소식을 들었다. 반가움에 당장 만났다. 30년의 세월이 우리 사이에 있었지만 서먹함은 없었다. 삶의 이야기는 학교 시절을 지나 살아온 시대를 거슬러 올라갔다. 친구의 삶도 나와 다르지 않았다.

중국의 어느 도시로 향하던 중, 수많은 사람이 탄 기차에서 공안(경찰)은 왜 그녀에게만 신분증을 요구했을까? 이마에 북한 사람이라고 도장이라도 찍혀 있었던가. 결국, 단속에 걸려 북송되었다고 한다. 인간 이하의 취급을 받았다는 취조 과정은 듣기만 해도 살이 떨렸다. 불법자에게는 인권이 없다.

혼자 몸을 가눌 수 없을 만큼 건강이 나빠져 집에서 요양을 받았다. 어느 날, 가족처럼 지내는 옆집에서 앞표지가 없는 책 하나를 보았다. 무심히 읽다 누군가의 전기인 그 책이 한국 출판물이라는 것을 알게 되었다. 제목을 알려고 뒤적였다. 정주영 회장의 이야기를 담은《시련은 있어도 실패는 없다》라는 책이었다. 책은 그의 인생에 깊은 여운을 남겼다. 글줄은 그의 삶을 돌이키게 하고 일어서게 했다. 제목처럼 시련을 딛고 실패하지 않으려 일어났다.

다시 탈북 길에 올랐다. 얼마 지나지 않아 중국의 시골에서 또다시 공안에 체포되었다. 이번에 북송되면 살지 못하리라 생각했다. 어떻게 죽을 것인가를 고뇌하던 그때, 어느 고마운 중국인의 도움으로 극적으로 버스에서 탈출했다.

낯선 골목에 허둥지둥 뛰어들어 조선말이 들리는 대문을 두드렸다. 두 여인이 마당에서 이야기를 나누고 있었다. 반나절만 있게 해달라는 그녀의 청을 그들은 매정하게 뿌리쳤다. 옷이라도 바꾸어 입게 해 달라고 사정했다. 내어 주는 허름한 옷을 갈아입고 그 대문을 나섰다.

현실은 드라마를 뛰어넘는 드라마다. 적절한 말을 찾을 수조차 없다. 우리의 오늘이 수많은 눈물과 아픔 위에 만들어졌다는 사실에 마음이 저렸다. 평범한 하루하루를 위해 위험을 넘고 절망을 견뎌야 했던 것은 나의 운명만이 아니었다. 아니, 북송과 감옥을 겪지 않았으니 나는 어쩌면 친구보다 운이 좋다고 할 수 있겠다.

흐르는 눈물을 닦으며 서로를 위로했다. 고통의 순간들은 삶을 지탱해 주는 약이 된다는 누군가의 글귀가 떠오른다. 그 고통을 넘었기에 우리는 산다. 오늘은 그저 얻어지지 않았다. 눈물과 고통, 굴욕과 아픔을 넘으며 버텼다. 지난날의 생이별, 국경을 초월한 자식 사랑, 유랑자의 운명을 넘었기에 지금을 산다. 삶을 판가름하던 순간들을 넘어 여기 존재한다.

한 명 한 명의 가슴에 있는 처절하고 또 처절한 사연은 나와 너의 이야기다. 우리는 아픔을 딛고 슬픔을 견디고 넘어지고 쓰러져도 일어섰기에 오늘을 개척했다. 나를 만들어 줬던 세계에서 벗어나 누구도 반기지 않는 이역 땅을 헤매며 공포와 싸우고 낯선 환경 속에 인내와 슬기를 배웠다. 엄마라는 이름으로 불리는 자신을 의식해 절망에서 희망을 끈을 놓지 못했다.

함께 이별을 이겼고 소와 말처럼 팔려도 포기하지 않고 인간다운 삶을 찾아 수천만 리를 넘어온 우리를 이 땅에서는 탈북민이라 부른다. 탈북민으로 불리는 동향들의 슬픈 사연을 들으며 생각한다.

비극은 반복되지 말아야 한다. 나라가 지켜 주지 못해 백성이 절망 속에 헤어진 이야기, 유랑의 길을 걸으며 삶을 개척해 온 북한 사람의 역사…. 시간은, 역사는 과연 어떻게 기억할까.

가깝게는 아물지 않은 아픈 상처를 가슴에 안고 사는 아이들이 있다. 그 이별을 만들어 낸 엄마의 삶을 이해하고, 엄마의 선택을 존중하며 다시 만난 소중한 오늘을 만끽하길 바란다. 남편이 나의 어제를 사랑하고 미래에 동반자로 함께 가길 원한다.

매일 만나는 직장 동료들, 삶의 모퉁이에서 만나는 이 땅의 사람들이 친구로, 스승으로 이웃으로 함께 성장하며 내일의 나와 동행하길 원한다.

우리의 조국이 부강하길 바란다. 그리하여 생존권을 찾아 세계를 유랑하는 백성의 모습이 결코 역사 속에 다시 되풀이되지 않길 바란다.

탈북민 회장

연길에서 친구 집에 몸을 의탁하고 있을 때다. 집주인들이 일하러 나간 사이 손님이 찾아왔다. 청년은 한족이었는데 아마도 내가 강을 건너왔다는 걸 알고 있는 듯했다. 중국말이 귀 밖으로 비껴 가는 나에게 집주인을 찾아온 낯선 청년은 계속 뭔가를 묻는다.

당황하여 시선을 피하는데 방구석에 굴러다니는 사전이 띄었다. 구세주라도 본 듯 달려가 펼쳐 들었다. 후루룩 넘겨 '누구'라는 말을 찾아 그에게 보여 줬다. 청년도 머리를 끄떡이고 친구라는 말을 찾아 보여 준다. 이렇게 중국말 소통이 시작됐다.

말과 글을 모르니 답답하다. 중국에서 살려면 우선 말을 알아야 했다. 범을 잡으려면 범의 굴에 가야 한다. 중국말을 배우려면 연변(조선족 자치주)을 벗어나 중국 사람이 사는 곳으로 가야 했다. 말과 글을 배울 시간과 안식처가 필요했다.

무일푼에 아는 사람 하나 없이 안식처를 얻는 길은 무엇일까. 이리저리 운명을 따라 비틀리며 간 곳이 중국 요녕성(遼寧省)의 어느 마을이다.

한족 마을에는 조선말을 하는 사람이 없다. 중국어로만 소통하니 뜻을 알 수 없어 짐작으로 알아듣는다. 말이나 글을 가르쳐 주려 하지도 않는다. 한쪽 주머니에 수첩을 다른 쪽에 볼펜을 넣고 들리는 대로 적었다.

아궁이에 불을 밀어 넣다가도, 밭에서 김을 맬 때도, TV를 보다가도 들리는 대로 적고 소리를 따라 한다. 행동을 보고 의미를 이해했다.

문제는 들리는 대로 발음하는 내 말을 상대가 알아듣지 못하는 것이다. 그럴 때면 만국 공통어가 있다. 손짓, 발짓에 소리까지 보탠다면 어지간한 소통은 된다. 원시적인 방법이지만 할 수 있는 건 이 정도이다. 간단한 의사소통은 이런 식으로 익힌다지만 감정을 표현하거나 조금 까다로운 말은 어렵다.

글을 배워야 했다. 어떻게 하면 효과적으로 배울 수 있을까. 경험만큼 삶에 도움이 되는 건 없다. 어릴 적 한글을 배울 때 동화책을 읽던 기억이 났다. 닷새에 한 번씩 열리는 시장에는 책 장사도 있다. 수중에 있는 돈 10원을 주고 동화책 3권을 샀다. 사냥꾼이 승냥이를 사냥하는 그 동화는 병음을 가르쳐 주고 쉬운 글자를 반복하여 알려 주었다.

동화책을 읽은 다음엔 표지가 떨어진 1학년 국어 교과서를 주웠다. 국어 교과서는 그림과 글자로 새와 나무와 학교를 가르친다. 누구에게 물을 수 없는 나는 낯선 글을 혼자 배울 수 있는 교과서에 감탄했다. 그렇게 글을 배우기 시작했지만, 곧 한계에 부딪혔다.

중국어를 한국어로 번역할 수 없어서다. 연길에서 본 한글 사전이 간절하다. 시골이고 한족만 사는 마을에 조선말 사전이 없는 건 당연하다. 남편은 도시로 가는 친구에게 부탁해 중한사전을 구해 주었다.

중국 생활에서 그것은 내 최고의 애장품이었다. 사전으로 단어를 번역하자 글자가 쉬워졌다. 얼마쯤 시간이 흐르자 중국어 책을 보고 읽을 수 있었다. 때로 이해가 부족해 '아버지 가방에 들어간다'가 되기도 했지만 말이다.

글을 어느 정도 읽을 수 있게 되자 한결 자신감이 생겼다. 말은 어디서도 서툰 발음으로 감추고 싶은 나를 드러낸다. 하지만 글은 의심의 눈초리에서 숨겨 주고 세상에 스며들게 한다. 막 중국어와 글에 어느 정도 익숙해질 무렵 다시 한국으로 떠났다.

중국인들처럼 혀가 꼬부라지는 발음은 어렵다. 그에 비해 글은 쉽다. 어느 곳을 가도 간판이 있고 해설하는 글이 있다. 묻지 않아도 스스로 이해할 수 있으니 얼마나 편리한가?

중국 대륙을 횡단하는 길에도, 메콩강을 건너 태국에서도 글자의 덕을 보았다. 중국 국경을 넘어도 가는 곳마다 곳곳에 중국어 간판이 있다. 그 간판 덕분에 기차역을 찾고 버스표를 사고 환전을 하고, 말과 글은 참으로 인간이 살아가는 유용한 수단이다.

한국에 도착했다. 드디어 닻을 내릴 삶의 터전이다. 국민의 한 사람이라는 뿌듯함이 미래에 대한 기대로 충만하게 한다. 첫 목표는 아이들을 만나는 것이다. 돈이 있어야 국경을 넘는다.

태국 이민 수용소에서, 하나원에서 많은 동향의 사람들을 만났다. 북쪽 국경 도시에서 어떻게 중국을 횡단하여 한국으로 올 것인가를 고심하고 계획했다. 계획을 실천하려면 한시바삐 일자리를 찾아야 했다.

일자리를 찾아 나섰다. 아파트 옆 큰길에 신문 꽂이가 있다. 신문을 뽑아 들고 집으로 왔다. 구인하는 광고도 많고 용도도 가지각색이다. 잘 이해할 수 없는 영어도 있다. 연필을 들고 하나씩 밑줄을 그으며 전화를 들었다. 그러나 자신만만한 시작과는 달리 전화를 할수록 힘이 빠진다. 얼마 후에는 전화기를 내려놓았다.

첫마디가 어디 사람이냐고 묻는데 말투가 들을수록 묘하다. 성을 내는 것도, 욕을 하는 것도 아니지만 이상하게 기분이 나쁘다. 마치 네가 뭘 알아? 하는 듯 들린다. 이 일을 해 보셨냐, 언제 한국에 왔냐 하는 물음의 여운이 그렇다. 말이 통하지 않던 중국에서의 경험은 잘 알아듣지 못하는 말에 대한 묘한 대처를 알려 주었다. 정신을 바싹 차리고 듣다 보면 분명히 말하는 사람의 어감으로 원하는 것을 알 수 있다.

처음에는 좋다고 생각되는 일자리에 전화했지만, 점점 경험한 일을 선택하게 되었다. 주부 경력이 가장 많은 내가 무엇을 해야 할지 그야말로 난감하다. 해 본 일이 아니면 할 수 없을까 보냐 하는 오기도 생긴다. 건강한 육체로 일을 찾을 수 없는 현실에 분노한다. 간절하므로 열심히 할 수 있는데 그런 맘을 몰라주는 세상이 야속하다. 그렇다고 어디 가서 소리치고 항변할 수도 없다.

말이 통하지 않는 곳에서도 일하고 사랑도 한다. 그런데 같은 말을 쓰고 같은 글을 읽는 곳에서 왜 일자리를 찾을 수 없을까? 물 위에 뜬 기름방울 같은 자신을 느낀다.

그래 말투가 문제다. 말의 억양과 톤이 그렇게 중요할까. 소통과 이해에 문제가 없는데 혼자 묻고 답해도 막막하다. 오라는 곳은 물론이고 어디 물어볼 인연도 없다. 다음 날도 그다음 날도 벼룩시장

신문을 뚫어지게 본다. 하나원에서 배운 대로 컴퓨터에 접속하여 구인란을 찾아보지만 헛수고다.

하나원을 나올 때의 만만한 투지는 사라졌다. 오늘도 할 일 없이 집안에서 신문만 뒤적이다 집 앞 공원에 놓인 작은 의자에 멍하니 앉았다. 5월이라 눈길이 가는 곳마다 꽃이 흐드러지게 피었고 나무 그늘은 사람을 부른다.

차라리 아무도 없는 적막이 좋은 나는 길옆 의자에 앉아 멀거니 앞을 바라본다. 방금 지나온 길로 나이 지긋한 아줌마 둘이 다가온다. 말소리가 들릴 만한 거리에 오자 낮고 상냥한 이곳 말투 대신 청 높고 투박한 목소리가 들린다.

반사적으로 고개를 들어 바라보았다. 고향 사람이다. 망설이고 있는데 내 바람이 통했는지 큰 키에 팔다리 굵직한 아줌마가 바라본다. 저어, 하고 말을 떼자 단번에 알아듣고 언제 왔냐? 어느 동이냐를 묻고 가족이 있냐를 물어본다. 혼자라고 대답하자 그럼 자기 집으로 가자고 팔을 끈다.

든든한 팔에 끌려 그녀의 집으로 행했다. 본인이 마을 탈북민 회장이라고 소개한다. 일주일이 넘도록 일자리를 찾지 못한 사연을 듣고는 웃음을 띠고 괜찮다. 이제 찾으면 된다고 한다. 며칠 동안 혼자 벙어리 냉가슴 앓듯 하다 그녀를 만나고 마음이 한결 가벼워진다. 뭔가 의지할 언덕이 생긴 듯하다. 헤어지며 그녀가 일자리를 알아봐 준다고 했기 때문이다.

다음 날 그녀의 전화를 받았다. 선거 전단지에 글자 하나가 잘못 되었단다. 수만 장 찍은 것을 사용하려니 화이트로 한 줄을 지워야 한다. 몇 사람이 한곳에 모여 일했다. 점심, 저녁도 그 자리에서 짜장면을 시켜 먹었다.

말 그대로 미친 듯이 일했다. 밤을 자지 않고 일주일 정도 일하고 오십만 원을 받았다. 그 돈이 그렇게 소중할 수 없다. 그곳에서 다른 친구를 만나 그가 일하던 전집에 아르바이트를 소개받았다.

일을 시작했다. 고향에서 가졌던 푸른 꿈은 이국땅에서는 옥수수 농사, 한국에서는 설거지로 이어졌다. 말과 글이 통하는 이 땅에서 나는 무엇을 할 수 있을까.

제3부

길을 찾다

돼지 저금통

금방 서울에 터를 잡았을 무렵이다. 7월의 태양이 지글지글 아스팔트에서 끓고 있는 어느 날 집 앞의 마트를 마다하고 조금 거리가 있는 대형 마트로 향했다. 이마트 상품이 더 싸고 좋은 것이라는 누군가의 한마디에 빠듯한 주머니 사정을 감안하여 나선 길이다. 알뜰한 쇼핑에 주머니를 말끔히 털고 올망졸망한 비닐봉지가 두 팔 가득이다.

걸어서 집으로 가기로 했다. 좀 무거워도 고향에서 시장 갈 때 비하면 거리도 가깝고 감당할 수준이라 가늠했다. 양손 가득 짐을 들고 예닐곱 개의 버스 정류장을 지나쳐 걸었다. 빈손일 때는 주변 환경을 보느라 기껍던 길이 한낮의 무더위에 어깨를 누르는 짐을 들고 걸으니 아득해졌다. 투지만만한 자신심은 사라지고 움츠린 목으로 땀이 줄을 지어 고랑을 이룬다. 숨이 가빠 온다. 작은 언덕이 높아지고 두 팔이 늘어나는 듯하다.

북쪽을 떠나 몇 해 되지 않았는데 새로운 환경에 적응한 육체는 괴롭고 힘들다고 아우성을 치며 북한식 사고를 비난한다. 우직한 자신에 대한 지나친 믿음이 불러온 참사다. 더운 날 버스비를 아끼려다 빠진 자기 연민이 나를 비탄으로 몬다. 몸은 달라진 환경에 적응하는데 머리는 다른 세계에 갇혀 살아가는 스스로에 대한 분노인지

경멸인지 모를 비참함이 땀과 함께 흘러내린다. 가재처럼 빨갛게 구워진 얼굴로 드디어 집에 들어서니 참았던 눈물이 핑 돈다.

이리저리 둘러봐도 돈이 없다는 건 내가 가장 잘 안다. 화장대 위에 놓인 자그마한 돼지 저금통이 보인다. 하나원 시절 실습 가던 날, 길거리에서 우연히 받아 둔 돼지 저금통이다. 부지런히 동전을 넣었다가 1년 후 딸이 하나원을 나오던 날 용돈으로 쓰라고 생색냈다. 들어보니 아직 묵직하다.

눈치 빠른 작은딸이 "엄마 필요하면 써요." 하고 얼른 저금통을 내민다. 그것을 받아 분홍색 주둥이를 열었다. 세어 보니 5만 원 남짓했다. 교통카드에 넣어 버스비를 해결하며 자가당착의 연민에서 벗어나려 했다.

이후에도 돼지 저금통을 화장대 위에 다시 올려 두었다. 나와 두 딸애는 가끔 동전이 생길 때면 저금통에 넣어 둔다. 두 딸은 성인이 되어 더는 돼지 저금통에 연연하지 않는다. 분홍색 돼지는 이제 화장대에서 아들의 책상 위로 자리를 옮겼다. 동전이 필요한 일이 있으면 아들은 돼지 저금통을 열어 잔돈을 꺼낸다. 돈을 넣는 사람은 보이지 않는데 돼지는 늘 배가 통통하다.

지금도 동전이 생기면 저금통에 넣는다. 가끔이라도 동전과 함께 잔돈을 넣는 건 아들이 필요로 하는 순간을 위해서다. 아들은 용돈을 받고도 누나에게, 아빠에게 슬금슬금 구원을 청한다. 친구들과 롯데월드에 간다는 그럴듯한 구실도 만들어낸다. 아들의 환경은 이전과 비할 수 없을 만큼 좋아졌다. 그렇더라도 언젠가 버스비가 없어 저금통을 열며 느꼈던 나의 비애를 몰랐으면 하는 바람이다.

길을 찾다

서울에서 처음 일을 시작한 곳은 요양원이다. 간호조무사로 일한 경험은 정형외과에서 몇 달 일한 경력이 전부다. 조직 사회에 대한 은근한 두려움도 있었다. 하지만 가족의 생계를 책임져야 하는 절박함이 모든 것을 이기고 용기를 내게 했다. 경험도 실력도 없는 나를 받아준 것이 고마워 밤 근무도 마다하지 않았다.

문제는 업무 대처 능력이다. 새로 지은 건물의 세 개 층에 자리 잡은 요양원에는 백여 명의 어르신이 계셨다. 가지 많은 나무 바람 잘 날 없다더니 평안히 넘어가는 밤이 손에 꼽을 지경이다. 어떤 날은 코로 피를 쏟는 어르신이 계셔 사태를 지켜봐야 할지, 응급차를 불러야 할지 결정해야 했다. 또 다른 날은 갑자기 운명하는 어르신을 마주하며 당황했다.

요양원은 집에서 십 분도 되지 않는 거리에 있다. 매일 출근길에 감당할 수 있을 만큼의 시련을 달라고 신께 기도했다. 서비스 직업의 특성과 함께 생명을 돌보는 일이기에 어느 하나도 소홀히 할 수 없다. 평안하던 노인이 상태가 갑자기 나빠지거나 질병으로 인해 뜻하지 않은 상황이 벌어지는 일들이 무시로 생긴다. 그 앞에서 적절한 대응, 기민한 움직임이 필요하다.

가운 옆 주머니에 각각 수첩을 넣고 다니며 노인들의 상태, 병명, 드시는 약 등을 적고 다른 쪽에는 이해하지 못한 한국어와 영어를 적었다. 배워야 할 지식, 잊지 말아야 할 것이 한없이 많았다. 밤 근무는 간호사의 지시나 도움도 기대할 수 없다. 매일 새로운 경험이 이어졌다. 인내와 순발력, 가지고 있는 상식과 지식, 그리고 기지를 시험했다.

인간의 능력은 그 한계가 없다는 말을 실감했다. 할 수 있는지 없는지를 따지기 전에 살아 내려면 감당해야 할 일이라 받아들였다. 다행히 업무는 부족한 실력을 보완할 수 있는 관찰력과 책임감만 있다면 가능했다. 네이버에 물어보면 어떤 답도 있다. 인터넷이 없다면 어떻게 업무를 처리했을까. 지금의 시대를 살아감에 새삼 감사하다.

어느 날 길거리에 핀 작은 꽃을 보았다. 어여쁜 색깔에 취해 이름을 찾으러 핸드폰을 꺼냈다. 꽃 검색 카메라에 꽃을 담으려고 초점을 맞춘다. 이리저리 돌려도 작은 꽃잎이 너무 흔들려 찍을 수 없다. 밝고 선명하고 화사하며 너무 밝지도 무겁지도 않은 노란색이다.

독특한 색에 매료되었다. 생기를 품고 있는 꽃을 가만히 바라보니 꽃은 흔들리며 핀다는 어느 시인의 글귀가 떠올랐다. 인생도 그랬다. 꽃은 흔들리며 피고 삶은 흔들리는 매일이 모여 이루어진다. 흔들리는 매일은 새로운 경험의 순간들이었다.

인간관계도 쉬운 건 아니다. 어디나 목소리 큰 사람이 있고 주의 주장이 강한 이가 있다. 직장에서는 요양사지만 문을 나서는 순간 한가락 하는 개성 있는 아줌마로 변하는 그들 사이에서 때로는 충돌을 일으키고 때로는 위로를 받으며 함께 식당도 가고 시장도 갔다.

첫 순간의 이질감과 호기심을 넘어서자 아줌마들은 좋은 언니가 되고 엄마가 되었다. 그들의 애환과 즐거움, 고뇌를 들으며 이 땅을 살아가는 평범한 사람들을 보았다. 다정하고 싹싹한 말투는 삶의 온기를 전해 주었다.

지금 돌아보니 믿고 일을 맡겨 주고 지지해 준 대표님께도 감사하다. 늘 컴퓨터에 매달려 있는 나에게 질책을 내려 줄 법도 하지만 너그러운 미소로 감싸 주셨다. 그리고 세상살이 초보에게 자수성가의 조언도 아끼지 않으셨다.

그들이 있어 대한민국은 살 만한 세상이었다. 그곳에서 갓 학교에 들어간 아이처럼 쑥쑥 성장해 갔다. 세상은 어디나 비슷하다. 권위가 있고 관계의 정립이 필요하며 모든 것은 나로부터 시작된다.

북쪽이라고 다르지 않고 남쪽이라고 새로운 것은 아니다. 조금은 낯설고 들어서기 서먹하고 힘든 시간을 견디기도 하지만 삶을 위해 넘어야 할 장이라고 생각하면 못할 것도 없다.

뜻이 있는 곳에 길이 있고, 도전하면 앞으로 나아갈 수 있다. 너무 힘들다 싶으면 가만히 뒤돌아본다. 더 어려웠던 일, 앞도 뒤도 보이지 않던 나날들, 모든 것을 놓고 싶던 순간을 떠올린다. 그러면 지금은 아무것도 아니라는 오기가 올라온다.

언젠가 고향에서 제방 둑 쌓는 것을 보았다. 먼저 큰 돌을 앞에 척척 세우더니 작은 돌을 들어 가늠하며 모서리, 구멍을 메워 갔다. 그 자리에 맞게 갈거나 특별히 맞추지 않아도 손에 쥔 망치로 뚝뚝 두드리거나 얇게 끝 면을 깨는 것만으로 척척 맞았다. 그렇게 시간과 노력이 쌓여 미끈하게 제방이 세워졌다. 자기 자리를 찾아가는 돌들이 신기했다.

이 세상을 살아가는 모습도 그 돌과 다르지 않다고 생각한다. 가끔 깨어지기도 하고 뚝심으로 밀고 들어서기도 한다. 기다리기보다는 스스로 선 자리에서 무릎에 힘을 주고 바로 서려고 기를 쓴다. 삶이란 스스로 설 자리를 만드는 것이다.

극과 극으로 반대되는 두 세상, 이쪽 세상과 저쪽 세상을 경험하며, 서로가 해석한 역사를 읽으며 혼란스럽지 않다면 거짓이다. 그러나 그 혼란을 하나씩 내 안에서 정리하며 나름대로 길을 찾아 나서면 분명히 길은 있다. 내가 가야 할 길이고 나만이 갈 수 있는 길이다.

북한 사람이라서

서울은 내가 알고 있던 어떤 도시보다 아름다웠다. 북쪽과는 부의 차원이 다른 도시다. 매혹적인 이 도시에선 세상의 유행과 미래, 모든 것을 앉은자리에서 관망한다. 번쩍거리는 높은 빌딩, 화려함과 고급스러움을 갖춘 식당에서 세계 각국의 음식을 맛볼 수 있다, 수많은 차, 붐비는 도로, 지하철, 버스로 가고 싶은 곳에 갈 수 있다. 그 속에 타임머신을 타고 과거에서 날아와 자리 잡았다.

부유한 나라는 신기했다. 컴퓨터가 필요하다고 생각하자 기대하지 않은 누군가가 보내왔다. 배불뚝이 TV도 선의로 생겼다. 찬 방바닥에서 자는 것이 근심될 무렵 현관 밖에서 쓸 만한 매트리스를 발견했다. 세상에 공짜는 없다지만 복지관이나 교회에서는 대가 없이 가재도구를 나누어 주고 상품권을 주기도 한다.

처음 만나는 사람이 잘 왔다고 반기고 새것과 다름없는 옷을 보내준다. 노력 없이 순간도 살 수 없던 지난날과 다르다. 내 돈을 쓰지 않고 살 수 있는 세상에 어리둥절하고 욕심 없는 자신이 대견했다. 지난날 삶의 전부라고 해도 지나치지 않던 끼니 걱정은 할 필요 없다. 쌀은 헐값이고 마음만 먹으면 저렴한 비용으로 산과 들로 간다.

어디 가나 친절하고 대개 웃는 얼굴로 말한다. 높고 빠른 북쪽의 말투에 익숙한 귀는 낮게 시작하고 조용조용 말하는 것만으로도 싹싹하고 친절하다고 느낀다. 그러나 이 친절 속에 튀어나오는 외래어와 이해 못 할 낯선 말들에 당황하게 된다. 물어보려고 하면 아이도 알 법한 일상을 모르는 게 미안하고 무식함을 드러내는 것 같아 소심해진다. 그래도 잘 알아듣지 못해 다시 물어야 하고 그러려면 용기가 필요하다.

대부분 공손하고 예의 바르며, 싹싹하고, 사근사근 돌려 말한다. 좋은 말만 한다. 귀는 듣기 좋으나 진실로 그런지는 모른다. 북한식의 직설적이고 비판적인 문화와는 다르다. 몇 번을 다시 물어도 화를 내지 않고 끝까지 웃으며 대답한다. 듣고도 알아듣지 못하자 두꺼운 법전을 꺼내 들고 법에 이러하다고 설명한다. 집중하여 듣지만, 여전히 이해 못 하고 상냥한 웃음에 떠밀려 나온다. 이런 걸 세련됐다고 하는 건가? 그 세련미 속에 깃든 직업적인 웃음을 가려내기까지 시간이 흘렀다.

한국에서의 첫 시절은 행복했다. 일 년, 또 일 년 시간이 흐르자 풍요로부터 오던 만족감에 금이 가기 시작했다. 과거와 현재를 비교하던 초점이 옮겨졌다. 시선이 오늘에 이르러 현실을 인지한다. 촘촘하게 늘어서 불편함이 없던 버스 정류장과 지하철역은 멀게만 느껴진다. 즐비하게 늘어선 새로 지은 고층 아파트가 우뚝 서 내려다본다. 사치라고 생각했던 차가 눈에 들어온다.

호의 속에 깃든 동정의 시선에서 약자의 삶을 알아 간다. 북한식으로 국가가 주는 평등이라고 생각했던 건 일할 능력 없는 사회적 약자에게 돌아가는 혜택이다. 기초 수급자의 삶이 주는 구속을 알아갔다. 소득 기준이 있고 통장에도 현금이 얼마까지, 차를 사도 제한이 있다. 남편은 남편대로 아이들은 아이들대로 능력껏 자기의 일자리를 찾는데 기초 수급자라는 틀이 우리를 가둔다.

그래도 선뜻 벗어나지 못하고 좀자른다. 공짜의 마성이 "너 지금 잘못하는 거야." 하고 위협한다. 기초 생계비는 현재를 지탱하는 나무지만 마음껏 일한다면 미래에 숲을 만들 수 있다. 아들을 어린이집에 보내며 시간제 일자리를 찾았고, 또 한 해가 지나자 요양원에 취직하여 교대 근무를 시작했다. 우리를 구속한 보이지 않는 줄을 끊어야 했다.

북한 사람이어서 도움을 받아야 하고 부족하다는 시선이 싫다. 사투리가 튀어도 나답고 싶다. 큰 소리로 물어보고 기죽지 않고 당당하게 살리라. 모르면 배우면 된다. 누군가가 할 수 있다면 나도 할 수 있다.

어느 날 장례식장에 갔다. 친절하고 상냥하게 필요 이상 하나하나 안내하는 말속에 '북한 사람이라서'라는 속대사를 읽는다. 북한에서 왔다는 이유로 받는 과잉 친절이다.

나는 약자인가? 가만히 자신에게 묻는다. 세상의 온갖 풍파를 견디고 고난으로 단단해져 오늘을 산다. 새로운 환경과 예상 못 한 현실에 우왕좌왕할지언정 주저앉지 않는다. 걸음마를 배우는 아이가 넘어질 때마다 누구에게 의지한다면 스스로 설 수 없을 것이다. 선의와 자선, 수혜에 대한 지나친 의지는 독이 될 수 있다.

사회적 약자를 뛰어넘기 위하여 무엇이 필요한가? 세상에 무익한 경험은 없다. 나는 두 세상을 경험했다. 어느 세상이나 인식의 차이, 문화의 차이는 있을지언정 삶의 방식은 비슷하다. 중요한 건 내면으로 향하는 자신의 시선이다. 약자도 강자도 마음에서 나온다. 지금도 앞으로도 놓지 말아야 할 하나가 있다면 자신감과 당당함이다. 스스로를 믿는 마음과 삶을 개척하는 능동적인 태도가 필요하다.

무협지에 빠지다

세상을 잊고 싶을 때, 몰입이 필요한 순간에 무협지를 읽는다. 때로는 호기심을 이기지 못해 그 흥미진진한 판타지의 결말을 보기 위해 결제를 누르기도 한다. 시간이 지나면 후회도 하지만 누구에게나 취미 생활은 있지, 하고 위안 삼는다.

처음 사업을 시작했을 무렵 업무 스트레스를 어떻게 푸냐는 질문을 받은 적이 있다. 그 시절 《대망》을 읽고 있었다. 속을 털어놓을 만큼 가까운 친구도 없었고 의논할 만한 상대도 없었다. 도서관에서 제일 두꺼운 장편 대하소설을 빌렸다. 1권부터 서너 권씩 쌓아놓고 밤에도 글줄에 매달렸다. 난세 영웅들의 삶에서 지혜와 용기를 얻었다. 스트레스를 풀기 위하여 시작한 건 아니었지만, 그 무렵 많은 위로가 되었다.

여러 가지 글을 읽지만, 특히 소설을 좋아한다. 매일 저녁 핸드폰에서 글을 찾아 읽는다. 여러 판타지나 로맨스 소설을 닥치는 대로 읽으며 깨달은 건 유독 무협을 좋아한다는 것이다. 로맨스보다 주인공이 온갖 고난과 시련을 겪고 환생하거나 역경을 견디는 이야기가 좋다.

현실의 나는 운동도 잘하지 못하고 게임도 좋아하지 않는다. 때로 흥이 나면 이야기를 즐기기도 하지만 여럿보다는 단 하나의 친구가 좋고 격한 운동보다는 온건한 놀이를 좋아한다. 어렸을 적부터 비가 와도 뛰어가기보다는 하늘을 바라보며 걷기를 즐겼다. 그런데 어찌하여 활동적이고 순발력을 요구하며 매 순간 삶과 죽음이 엇갈리는 무협을 좋아할까.

혹시 마음대로 되지 않는 이 세상에 대한 반감인가? 그렇다고 세상이 무너지길 바랄 만큼, 환생에 기댈 만큼 억하심정이 있는 것도 아니다. 지나온 날들을 돌아보며 나는 늘 운이 좋다고 자부한다.

그런데 왜 무협지일까. 옛것과 역사를 좋아해서라는 답도 궁하다. 소설 중에서 대작이나 철학적인 소설을 좋아하는 것은 성향에 맞다 해도 거실 책장에 무협지 전권이 놓인 걸 보면 스스로가 민망하다. 그래서 가끔 내게 묻는다. 무협지는 왜 사서 저렇게 가보처럼 모셔 놓고 있냐고.

의문으로 남았던 행동에 답을 찾은 것은 아들을 통해서다. 아들과의 불꽃 튀는 전쟁은 게임 때문이다. 밥 먹는 순간에도, 화장실에 앉아서도 게임에 몰두하는 아들을 보며 어느 날 깨달았다.

아들이 세상을 잊는 것처럼 나도 가끔 세상을 망각한다. 때로는 출퇴근길에 핸드폰의 무협지를 읽다 뒤차의 빵빵 소리에 쫓기듯 뛰쳐나간다. 어느 날은 길가에서 음주 측정을 하는 경찰을 보며 운전 중 다른 중독도 측정하면 어떨까 하고 상상한다. 아하, 무협지가 나에겐 게임이구나.

무협지를 산 이유는 나도 중독자이기 때문이다. 아들에게는 게임을 구매하면 안 된다는 규칙을 세웠지만, 정작 나는 좋아하는 무협지를 사기도 한다. 책으로 포장되어 있을 뿐 무협지 읽기는 나에게 시간을 죽이는 수단이다.

아들에게 게임을 하지 말라고 잔소리하는 어느 순간, 나의 게임을 깨닫고 머쓱해진다. 남의 잘못은 앞에, 내 잘못은 뒤에 메고 다니는 사람의 우화가 저절로 떠오른다.

왜 시간 죽이기에 열중하는지 생각해 본다. 누군가의 욕구, 갑과 을의 관계, 한 사건을 놓고 솔로몬의 지혜를 요구하는 서로 다른 시각과 관점, 이해관계들 사이에서 조정하고 화합해야 하는 업무 스트레스를 잊고 싶다. 규모가 큰 기관들이나 법인들 사이에서 개인이 운영하는 센터는 약자다.

세상에 공짜는 없다지만 복지 대상자들에겐 대가 없는 공짜가 있다. 공짜를 좋아하는 성향은 노인이 더 심하다. 어려운 세월을 근면, 절약으로 살아온 세대이고 취약한 소득에 노출되어 있으니 이해 못 할 일은 아니다.

후원이나 자원봉사로 도시락을 받고 생활에 필요한 간장, 된장, 기름을 때때로 지원하는 법인의 관리는 혼자 사는 노인에게 힘이 된다.

반대로 사전 관리할 여력이 없는 개인은 노인 발굴이 힘들다. 애써 찾고 정성을 기울였는데 어느 순간 돌변해 버리거나 보호자의 권리를 내세울 때면 허탈해진다. 힘도 인맥도 임기응변의 변화무쌍함도 없는 내가 이 일을 계속해야 할지 의심이 든다.

생활신조를 버리지 않고 치열한 경쟁 속에서 살아남으려면 무엇이 필요할까. 위기의식이 짓누른다. 조바심, 두려움, 미래에 대한 불안으로 잠 못 이룬다. 문제점을 해결하기 위하여 대항이든 후퇴든 필요하다. 아니면 현실에서 도피라도 해야 한다.

그것이 무협지다. 때로는 해결을 기다리는 난제 앞에서 도망쳐 글자에 몰두한다. 일을 마치고 돌아오는 길, 훤한 도로의 불빛 속을 누비며 중얼거린다. '이 또한 지나가리라, 내일엔 내일의 태양이 뜰 거야.'

누군가의 산이 된다는 것

직업은 살아가기 위한 초미의 문제다. 일자리를 찾지만 직종이 다양하니 혼란스럽다. 선택이 가능하다지만 이전 삶이 무용지물인 세상에서 할 수 있는 게 무엇일까. 어떤 직업은 철저한 준비가 필요하고 또 다른 직업은 육체가 오래 버틸 수 없는 게 뻔히 보였다. 당장 돈이 궁해 알바를 시작하지만 직업은 아니다. 무엇을 할 것인가에 대한 답을 스스로 구하는 건 벅찬 일이다.

새로운 직업이 아무리 많아도 경험은 고사하고 듣지도 못한 일에 도전하기는 쉽지 않다. 세상의 모든 길이 수천 개의 미로일 뿐이다. 그 미로를 나오는 힘을 얻으려고 아이는 학원을 가고 체험 활동을 한다. 치열한 경쟁을 뚫고 대학에 가고 졸업하면 취업 준비라는 이름으로 외국으로 떠난다. 필요한 직업을 경험하고 자격증을 취득하고, 애써 준비한 하나의 길을 포기하고 다른 길을 택한다. 이 땅을 살아가는 평범한 이들의 삶이다.

나에게 이러한 삶의 준비는 허락되지 않았다. 그들의 시간을 다른 세상에서 보냈다. 이 세계에서 자신 있는 직업은 없다. 새로 시작하고 부딪히면서 앞으로 나아갈 뿐이다. 식당 아르바이트를 전전하며 할 수 있는 일을 찾았다.

어느 날 두통으로 병원으로 향하며 엄마 생각이 났다. 고향에서 병원이 유명무실해진 시절, 어지간한 병은 엄마의 주사로 견뎠다. 엄마는 간호사로 일했는데 우리 집에는 엄마가 쓰던 주사기가 있었다. 일회용이 아닌 유리로 된 주사기다. 엄마의 애용품인 작은 스테인리스 통속에 주사기를 넣고 냄비에 끓여 소독하고 주사를 맞았다. 나도 할 수 있지 않을까?

그 익숙함을 떠올리니 병원과 간호사가 보였다. 내가 간호조무사라는 직업을 택한 이유이다. 고용노동부에서 간호 학원 리스트를 받아 하나씩 전화를 했다. 40대가 지난 나이와 사투리로 취업이 힘들다고 거절한다. 그래도 아직 리스트엔 학원이 남아 있다. 실망하지 않고 전화를 계속했다. 지금 시작해도 괜찮다고 힘을 주는 학원을 만났다. 주소를 받고 낯선 길을 더듬어 학원을 찾아갔다. 젊은 학원 선생님이 잘 왔다고 반겨 준다. 전년도에도 북한 출신의 한 사람이 학원을 잘 마쳤다고 한다.

학원에서 새로운 동료들과 만났다. 나보다 한 살 많은 언니와 짝꿍이 되었다. 뒷자리에는 그보다 나이 많은 언니도 있었다. 그들과 친구가 되었다. 서로 다른 세상을 살아왔지만 다 같은 직업을 위하여 첫발을 내디디는 동질감이 우리를 묶어 주었다. 그들은 나의 인맥이 되었다. 그렇게 앞에 펼쳐진 수많은 길 중 하나를 택했다.

다른 세계에서 40년을 보낸 나에겐 선택이라는 단어가 낯설다. 간호조무사 학원을 졸업하며 학력 인증을 받으려 시 교육 위원회에 갔다. 점잖고 윤기 흐르는 얼굴의 사람들이 모여 있었다. 자유가 보장되는 세상에 왔으니 자기가 하고 싶은 일을 하라는 고무적인 말로 절차가 끝났다. 괜히 화가 나고 억울했다. 자기가 하고 싶은 일을 하라고?

북한에서는 당장의 삶이 벅찼고 한국에서는 가족의 결합이 목표였다. 아이들이 하나원을 나오면 생계가 두 어깨에 놓이는데 하고 싶은 일을 찾고 도전할 수 있을까? 너무 뜬구름 잡는 소리고, 형편을 모르니 할 수 있는 말이라 생각했다. 당치 않다고 생각한 그 말이 지워지지 않고 귓전에 남았다. 여운이 오래도록 따라왔다.

병원에서 일을 시작하자 아는 것보다 모르는 것이 많았다. 주위에 물어보거나 혼자 답을 찾는 데는 한계가 있다. 세상을 살아 내고, 아이들 앞에 부끄럽지 않은 엄마가 되려면 배워야 했다. 어느 날 교수님의 추천으로 요양보호사 자격증을 취득하기 위하여 교육원을 찾았다.

그곳에서 그를 만났다. 같은 길을 걸어온 한 사람, 당당하고 자신의 길을 찾은 이다. 그 순간 깨달았다. 나도 할 수 있다. 할 수 있는 일이 있다.

가슴이 두근거렸다. 돌아오는 버스 안에서 이 두근거림의 의미를 생각한다. 나의 길이 틀리지 않았다는 기쁨일까. 자신에 대한 확신일까. 하고 싶은 일을 하라는 마음의 소리가 들려왔다.

나를 일깨운 그가 고맙다. 산은 늘 그 자리에 있다. 돌아보지 않아도, 잊고 있을 때조차도 변함이 없다. 먼 산을 바라보며 신들메를 조인다. 고령화 시대는 더 많은 복지 전문가를 요구하고 지금 시작해도 늦지 않다.

대학원은 새로운 지식과 함께 성찰의 힘을 준다. 지나온 삶의 의미와 걸어갈 날들의 가치를 음미한다. 오늘을 끌고 갈 힘을 얻는다. 이분법의 세계에서 벗어나려 애쓴다. 때로는 미약한 자신의 역량을 절감하며 좌절하고 지치고 내일에 회의감을 가지기도 한다.

그러나 먼저 간 발자취를 보며 마음을 다잡는다. 할 수 있다. 나도. 가끔 선배와 통화한다. 그때마다 하는 말은 '그 자리에 계셔 주어 고맙습니다'이다.

어제가 있어 오늘이 있고 오늘을 살아 새로운 내일을 마중 간다. 지나온 삶의 순간을 넘어 미래를 향해 가며 나 또한 누군가의 산이 되어 주고 싶다.

엄마 학생

40대를 지나 미지의 세상에 닻을 내렸다. 새로운 터전에 뿌리내리며 늘 무언가에 쫓기듯 마음이 급했다. 집을 나서면 막 걸음마를 떼는 아이처럼 어리둥절한데 가족이라는 책임이 무겁게 짓눌렀다. 어디서부터 어떻게 시작해야 할지 막막했다.

제일 큰 게 나이에 대한 두려움이다. 20대는 바랄 수도 없지만 30대여도 도전할 수 있다고 지나간 시간을 탓했다. 내심 젊음이 부러웠고 세월이 야속했다. 그렇다고 손 놓고 있을 수만도 없다.

아이들의 학업과 양육, 그리고 남편의 일자리를 찾는 것도 내 몫이었다. 누구에겐가 의탁하고 싶어도 그렇게 할 수 없다는 게 문제였다. 다섯 식구에 대한 책임을 짊어지고 동분서주했다. 주말은 큰 애들이 막내아들을 봐주어 외출이 편하고 홀가분했다. 휴식일이 따로 없이 교육을 받고, 강연도 들었다. 닿을 듯한, 잡힐 듯한 무언가를 쫓아다녔다.

집에 있으면 갈 길을 찾지 못한 초조와 불안감이 찾아왔다. 뭔가를 해야 한다고 압박했다. 간호조무사 학원을 졸업하고 병원에서 일하며 이전 세상과는 다르다는 것을 몸으로 부딪히며 깨달았다.

적성에 맞고 전문성 있는 일을 배우고 싶었다. 나이 제한 없이 오래 할 수 있고 자본주의를 배울 수 있는 것이 무엇일지를 고민했다. 세상을 배운다고 현재의 삶과 분리해서도 안 된다. 배움을 삶에 접목하고 이끌어 갈 수 있는 것은 무엇일까?

고심 끝에 선택한 것이 사회 복지다. 사회 복지를 배운다고 당장 길이 보이지는 않았다. 일단은 사회주의와는 다른 자본주의의 역사와 발전을 배우고 한편으로 직업적인 전문성을 키울 수 있으리라 여겨 학업을 시작했다. 나에게 맞는 일을 찾을 수 있으리라는 막연한 기대감이었다.

가장 난처한 것은 아직 내가 맡아야 하는 막내아들이다. 아이를 누군가가 돌봐 줘야 했다. 둘러봐도 딸들 외에 아이를 맡길 사람이 없다. 주중에 어린이집에 가도 4시 이후에는 집에서 돌봐야 한다. 주말에는 온종일 가족이 맡아야 했다.

딸들과 일정을 맞추고 낮엔 일하고 저녁에는 대학교에 갔다. 대학교는 우리 집과 반대쪽인 은평구에 있다. 그나마 한 번만 지하철을 갈아타면 되니 다행이다.

퇴근 시간인 5시에 책가방을 메고 이리저리 부대낀다. 수업이 끝나면 늦은 시간이라 한적해진 지하철에서 책을 읽으며 돌아왔다. 공덕에서 5호선을 갈아타면 마음이 편해진다. 한 시간 남짓한 이 시간이 좋았다. 마지막 역에서 내리면 되니 지나칠 걱정도 없고 아무도 방해하지 않는다. 지하철에서 책을 읽으면 내용이 머릿속에 쏙쏙 박혔다.

배움의 즐거움은 하루의 마지막을 기쁘게 했다. 가벼운 걸음으로 지하철을 나와 집으로 향한다. 밤이 깊어 인적이 끊긴 도로에 가로등만 깜박인다. 나만의 세계에 빠져 걷다 보면 별들이 먼 곳에서 희망처럼 손짓한다. 고요한 밤거리를 달리는 차가 상념을 깨운다. 그래, 저 차처럼 남들이 모두 잘 때 뛰어가는 거다.

대학원에서 비슷한 연령대의 친구들과 함께 50대, 60대에 공부를 계속하는 분들과 만났다. 그들을 보며 40대라는 것에 감사했다. 늦었다고 생각한 때가 가장 빠르다는 말처럼 늦게 시작했기에 배움의 소중함을 알고 성취감을 만끽했다. 북한의 삶의 경험 덕분에 사회주의와 자본주의의 서로 다름을 이론과 실천으로 통찰할 수 있었다. 늦게 시작한 공부에 흠뻑 취했다.

그러나 아파트 단지 앞으로 올쯤이면 마음이 바쁘다. 아이들에게 미안한 마음이 스르륵 올라온다. 잊고 있던 아들이 눈앞에 나타나고 긴 하루 집에 매여 투정 부릴 큰애들이 떠오른다. 저녁은 챙겼는지, 누나들이 잘 놀아 주겠지, 미뤄 두었던 갖가지 걱정이 단번에 솟구친다.

큰애들 보기가 민망해진다. 애들이 잠들어 있기를 바라곤 했다. 흰 눈이 살짝 내려 달빛이 유난히 밝던 밤, 미끄러운 도로를 조심조심 걸어 살며시 문을 열고 들어서니 세 아이가 소파에 나란히 앉아 눈총을 쏜다. 책가방을 메고 읽던 책을 가슴에 안은 내 모습을 보며 작은딸이 말한다.

"엄마가 고3이야? 고3이 책을 들고 늦게 오지."

사실은 고3보다 더 학구열에 불탔던 40대를 뒤늦게 고백한다. 그 시절을 넘은 건 딸들의 헌신적인 도움이 있었기에 가능했다.

시간 되돌리기

한여름의 더위가 한결 가신 어느 날 아들과 여행을 떠났다. 여름 방학도 끝날 무렵이다. 더 미룬다면 올해도 아들과 시간을 보내지 못할 것 같다. 이제 아들은 훌쩍 자라 나보다 머리 하나가 큰 소년이 되었다.

그래도 가끔 잠들기 전 품에 얼굴을 묻고 어리광을 부린다. 성격도 조용하고 숫기도 없더니 사춘기를 시작하고는 곧잘 눈도 치뜨고 반항도 한다. 아들 앞에 나는 관대하다. 아들은 아픈 손가락이다.

나이 40에 늦둥이를 낳았다. 중국 시골 농가에서다. 아들이 태어나 얼마 지나지 않아 도망치듯 한국 길에 올랐다. 앞을 가늠할 수 없는 멀고 험한 길을 돌아 불법으로 넘었던 국경을 다시 합법으로 넘었다.

출발점이었던 중국의 시골 마을을 다시 밟기까지의 여정 속에 아들은 내 마음의 근원적 힘이었다. 새로운 세계에 닻을 내리고 찾아갔을 때 아이는 엄마의 얼굴을 기억하지 못했다. 아프고 쓰라렸다.

그 아들을 중국인 남편과 함께 초청하여 한국에서 키웠다. 쉬운 중국말을 카드에 적어 어린이집 선생님께 맡기며 일을 시작했다. 얼마 후엔 갓 대학에 들어간 딸을 믿고 교대 일에 나섰다. 사업을 시작하고 대학원에 다니느라 더 바빠졌다.

아이는 1학년이 되자 누구의 도움도 없이 학교에 다녔다. 학교는 바로 집 앞이다. 곧잘 혼자 책가방을 챙기고 손을 높이 들고 큰길을 넘는다. 그날그날의 일정에 맞춰 태권도장에 가고 어느 날은 돌봄 교실에서 공부한다.

칭찬을 아끼지 않았다. 아침이면 아들에게 그날 일과를 묻고 잘한다고 응원을 보내며 어떻게든 양육의 부담을 줄이려 했다. 먹이고 씻기고 어린이집에 데려가는 수고로움이 가벼워졌다.

녀석의 일 학년 생일 때 일이다. 엄마의 무관심을 만회하려 친구들을 초청했다. 손 편지로 또박또박 생일 초대장을 쓰며 아들은 함박웃음을 웃는다. 찾아온 친구들과 맛있는 음식을 먹고 음료도 터뜨리고 게임도 하며 시간을 보냈다. 즐거움에 들뜬 아들이 말간 눈을 빛내며 말한다.

"엄마 사장 말고 주부 하면 안 돼? 오늘처럼."

"엄마도 주부가 좋은데, 그런데 힘들 것 같아."

말문이 막힌다. 아이에게 어떻게 설명해야 할지 모르겠다. 또랑또랑한 눈동자 앞에서 할 말을 고른다. 주부라는 단어에 역점을 찍는 마음이 안겨 온다.

밤 근무로 집을 나설 때면 떨어지기 아쉬워하는 아들에게 리모컨을 쥐여 주며 달랬다. '엄마는 바쁜 사람이다.', '직장 일이 먼저다.' 가족을 위해 일을 시작했지만 어느 사이 일이 먼저고 아들은 뒷전으로 밀려났다.

자립심을 키운다는 명목으로 자기 일은 스스로 할 줄 알아야 한다고 요구했다.

어린 아들은 가까이 있는 엄마를 바란다. 학교에서 돌아오면 맞아 주고 집에서 간식 잘 챙겨 주는 자상한 엄마가 좋단다. 학교에서 돌아오면 빈집에서 혼자 숙제하고 놀이터에 간다. 늘 어른스럽게 투정 한번 부리지 않더니 은근히 서러웠나 보다.

출근하면서 가끔 책가방을 메고 엄마와 손잡고 나란히 걷는 등굣길 행렬을 본다. 부러움이 앞선다. 아들의 마음은 더 외롭고 쓸쓸했을 것이라 짐작한다. 오래도록 그날의 물음이 가슴속에 파문을 일으킨다.

좋은 엄마가 되고 싶지만, 아들이 바라는 엄마가 되지는 못했다. 삶이 허락하지 않았다. 대신 부끄럽지 않은 엄마가 되고자 했다. 한국어에 서툰 아빠 몫까지 걸머질 수밖에 없었다. 여느 엄마들과 같이 안정된 직업을 가지고 아들이 바라는 건 무엇이든 해 줄 수 있는 엄마가 되려 했다.

아들은 자라면서 말수가 적어진다. 선생님이 강조한 설문지나 학교에서 부모님의 확인이 필요한 알림 문자만 가져온다. 부탁의 말을 꺼낼 때면 “엄마 시간 없지?” 하고 먼저 묻는다. 자립심을 키운다는 명목으로 자기 일은 스스로 할 줄 알아야 한다고 요구했다.

아들이 초등학교를 졸업하는 날 꽃다발을 들고 학교 철문 앞에서 기다렸다. 사진을 찍어 주려 하자 어색하게 바라본다. 내 친절을 익숙하게 받아들이지 못하는 아이가 아프게 다가왔다.

빈손으로 새로운 땅에서 시작하니 남이 걸어갈 때 뛰어야 하고 아들도 그러한 희생을 감수해야 한다고 생각했다. 시간이 가고 어른이 되면 이 마음을 알아주리라 믿었다. 하지만 그건 나의 착각인지 모른다.

아들은 이제 유년 시절을 지나 자기만의 시간을 보낸다. 엄마 바라기 아들은 더는 존재하지 않는다. 방문을 닫아걸고 필요할 때만 머리를 내민다. 맛있는 음식으로 유혹해도 시간이 없다고 거절한다. 그림자처럼 따르던 아이가 멀어지자 슬그머니 불안해진다.

나는 과연 좋은 엄마일까? 내가 바랐던 부끄럽지 않은 엄마는 단지 내 삶의 자기 위안일지도 모르겠다는 생각이 든다. 시간이 흘러 아들은 더는 돌아보지 않지만, 늦기 전에 뭐든지 해야 한다는 조바심에 나는 아들과 여행을 떠난다.

제4부

경계에 살다

기우(杞憂)

막내아들은 중2다. 이사 후 새로 지은 학교에 전학했다. 막 형성되는 아파트 단지라 아직 건설 중인 곳도 있어 학급은 5명이다. 아이들은 모두 친하게 지내고 어디 가든지 한 줄에 꿰인 듯 다닌다. 전학을 잘했다고 생각한다.

기말고사를 치렀다고 학부모 모임 카톡이 울린다. 은근히 겁나는 것이 아들의 학부모 모임이다. 아이들의 세계도 낯설고, 이곳의 학제도 북쪽과 다르니 괜히 위축된다. 이야기를 건네다 사투리라도 튀어나와 고향이 어디냐고 묻는 게 질색이다.

아이들이 서로 친하지 않다면 시간이 안 된다는 핑계도 괜찮을 듯하지만, 달랑 5명이니 그러기도 뭣하다. 아들은 14살이지만 영악하지도 못하고 말도 느리다. 서로 합의하고 시간을 맞췄다. 앞뒤 아파트에서 사니 모이기도 쉽다.

아줌마 모임이 의례 그렇듯 인사를 나누고 주변의 맛집을 찾는다. 너무 비싸지도 너무 소란하지도 않은, 마음껏 이야기해도 눈총받지 않는 장소 말이다. 그래도 5명뿐이니 괜찮을 것도 같다. 이런저런 조건과 각자의 음식 취향까지 고루 물어서 들어간 것이 보리밥집이다.

다행히 코로나도 한풀 꺾이고, 대낮이라 5명이 한 식탁에서 밥을 먹을 수 있다. 쾌적한 공간에서 아줌마들의 수다가 이어진다. 식사가 끝나자 옆 커피숍으로 자리를 옮겼다.

학원은 어디가 좋고 학원비가 어느 곳이 싸다는 이야기에 귀를 세운다. 화제는 '어떤 고등학교에 진학해야 하는지'로 건너갔다. 대한민국에서 십여 년 살아 이제 웬만큼은 세상을 안다고 자부하지만, 어떤 고등학교에 진학해야 하는지에 대한 정보는 처음이라 열심히 귀동냥했다.

내 옆의 짝꿍은 서연이 엄마다. 우리 집은 1단지이고 그의 집은 맞은편에 솟은 5단지다. 우리는 서로 아파트의 구조도 묻고 아이들이 친하게 지내도록 하자고 약속했다. 완벽한 서울 말씨를 쓰는 40대의 그녀는 두 아이를 가진 직장맘이다. 아이는 어렸을 때부터 피아노를 배워 예능에 재능이 있단다. 아버지도 전공이 예능 분야라고 한다. 행복한 가정이다.

새로운 한 주가 시작되었다. 카톡에 서연이 엄마의 문자가 와 있다. 시간이 되면 만나자고 한다. 무슨 일일까. 퇴근 후 아들에게 혹시 서연이와 다퉜냐고 물었다. 아들의 의문 섞인 눈길을 받으며 내일 만나기로 약속을 잡았다.

만나자는 까닭이 궁금하다. 그녀가 '사실은' 하고 말을 뗀다. 그의 어감에서 느껴지는 낯익은 촉감에 눈을 좁히고 찬찬히 바라본다. 상냥하지만 주의를 기울이면 약간의 사투리가 느껴지는 말투, 완벽한 서울 말투라고 생각했던 그는 나와 동향이 분명하다.

우리는 한 학급에서 친구 엄마로 만난 인연에 놀랐고, 5명 중 2명이라는 확률이 더욱 감탄했다. 20대 중반에 대한민국에 정착하여 이제 40대 끝 무렵에 서 있는 그녀는 세련되고 우아한 서울 사람이다.

그들 부부는 아직 어린 자녀들에게 부모의 고향 이야기를 하지 않았다고 한다. 아이들은 이곳에서 태어나 완벽한 한국 사람으로 자란다. 언제든지 이야기를 해야 하지만 그날은 아이들이 다 자란 다음이었으면 좋겠다고 한다.

그의 말을 들으며 생각한다. 북한 사람으로 대한민국에 살며 왜 자기를 감추려 하는가? 철없는 아이들의 세계에서 남과 다름으로 차별받지 않기를 바라서다. 그런 마음은 나도 마찬가지다.

북한 사람이라는 이유로 상처받거나 심하게는 왕따를 당했다는 누군가의 이야기를 가끔 듣는다. 내 아이만은 그런 이야기의 주인공이 되고 싶지 않다. 이심전심이라고 할까. 고향 사람을 만난 반가움과 자기를 감추고 싶은 엇갈린 감정 속에 망설였을 그녀의 마음이 헤아려진다.

어디에서 태어나는가를 어찌 선택할 수 있을까? 북한 사람이기 때문에, 다르게 보는 시선에서 아이를 지키고 싶다. 그래서 스스로를 위장한다. 청 높은 목청을 다듬어 화음을 맞춘다. 생소하지만 이곳에 나서 자란 사람이라면 누구나 아는 이런저런 소소한 일상을 모르는 데 불안을 느낀다.

남의 눈에 비치는 자신을 의식한다. 더욱이 자기 자녀에게까지 다른 사람으로 보여야 하는 현실이 씁쓰름하다. 누군가는 그것이 당신의 지나친 기우(杞憂)라고 할 것이다.

그럴지도 모른다. 그러나 그럴지도 모르는 그 사실이 현실이 되어 내 아이가 주류 사회에서 밀려나 보호받는 소수가 되는 것을 용납할 수 없다. 누가 자식 앞에 자신을 감추고 싶겠는가? 현실이 사랑에 눈먼 엄마의 지나친 기우이길 진심으로 바란다.

무용함 속의 유용함

북한에서 대학 공부를 하지 못했다. 못다 한 배움은 한으로 남았다. 배우지 못한 열등감이 싫었다. 중요하게는 공부가 재미있었다. 어떤 책을 읽어도 좋았다. 책이 귀한 세상이라 취향에 따른 책을 고른다는 건 사치였다.

눈에 보이면 구걸하듯 빌려서 읽었다. 남쪽처럼 도서관에 책이 많은 것도 아니고 누구에게나 열려 있지도 않다. 책을 볼 수 있는 기회도 적었다. 10대의 철부지 시절에는 꽉 찬 서가와 벽난로가 타오르는 따뜻한 방에서 밤을 새워 책을 읽을 수 있는 그런 세상을 그렸다.

북한에는 러시아 소설들이 많다. 고리키, 푸시킨, 톨스토이 등의 소설을 읽으며 공상을 키웠다. 어린 소녀에게 소설의 세계가 존재하는지는 중요하지 않았다. 책 속에서 무엇이든 마음껏 상상할 수 있는 것이 사는 재미였다.

한국에서 새로운 삶을 시작했다. 처음 기관에서 한국의 대학 졸업률이 85%라는 강연을 들은 날 생각했다. 이 땅에 태어났으면 나는 지금 어떤 모습으로 살고 있을까. 그려 보는 것으로 만족했다. 현실에서 바라는 인간상을 만들어 갈 수 있다고는 믿지 않았다.

40이 넘은 여자가 공부하는 것을 부끄러운 일이라 여겼다. 배우고 싶은 욕망을 입 밖에 내지도 못했다. 북한에서라면 애 딸린 주부가 배운다는 말 자체가 이상하다. 가족 앞에서 공부를 말하는 자체가 조심스러웠다. 그럴 만한 시간적 여유도 경제적 사정도 여의치 않았다. 내 안에서 배우고 싶은 욕망과 엄마의 책임감이 서로 엇갈리며 싸웠다.

가족이 모이는 첫 목표를 넘어서자 엄마라는 책임감이 나를 속박했다. 이 엄청난 무게는 도덕과 그래야만 하는 윤리로 나를 옭아맸다. 나를 위한 선택은 무책임하고 비양심적인 행위로 느껴졌다.

먹고사는 일에 온 힘을 쏟는 북한과는 다른 삶을 살고자 했다. 날마다 눈에 불을 켜고 찾았지만 어떻게 해야 한다고 가르쳐 주는 곳도 사람도 없었다. 일견 공부는 무용해 보이기도 했다.

세 아이의 엄마인 40대 가정주부의 뒤늦은 열망은 '자신을 알라'는 충고를 불러왔다. 생계를 유지하는 데 도움이 되지 않고 지출을 요구하는 공부는 무용한 집착으로 보이기 쉽다.

생계를 위해 일을 찾지만, 식당의 설거지도 청소도 사실 처음 해보는 경험이다.

일이 무서운 것이 아니라 사람이 무섭다. 호기심과 선입견, 질시에 부딪히면 괜히 쭈그러든다. 시작할 용기를 내는 게 어려웠다. 그 열등감을 극복하는 데 공부가 큰 힘이 되었다. 이 세상에 사는 사람들의 생각, 가치, 마음을 읽을 기회였다.

직업을 가지려고 간호조무사 학원에 등록했다. 공부가 생각보다 너무 쉬운 데 놀랐고 외우지 않아서 좋았다. 친구들도 사귀고 짝꿍과 좋은 관계를 유지했다. 공부가 재미났다. 친구들이 힘들다고 떨어지는 실습도 끝까지 버텼다. 자격증을 취득하고 면접을 보았다.

병원에서 간호조무사 일도 흥미진진했다. 정맥 주사 놓는 것이 난제였다. 부장님의 눈치를 보며 찔러볼 수 있는 환자를 찾아 주사에 성공할 때마다 커다란 쾌감이 들었다. 얼마나 이 일에 열중했는지 지하철이나 버스에 앉아 있을 때도 무릎이나 가방 위에 놓인 손등만 쳐다봤다. 핏줄이 도드라진 손을 보면 그 손을 가진 사람에게 친근감이 든다. 하루하루가 벅찼지만, 또한 뿌듯했다. 정시 퇴근은 또 얼마나 놀라운가. 학습, 회의가 없는 직장이 천국처럼 생각되었다.

서울로 이사했다. 어린이집 찾기가 쉽지 않았다. 어린이집 시간에 맞춘 일을 찾기는 더욱 어려웠다. 30개월 남짓한 막내아들의 시간에 맞추어야 했다. 시간제 아르바이트를 찾아 면접을 보러 아들의 손을 잡고 갔던 일도 있다. 친절한 원장님은 웃으며 거절했다.

양육에 필요한 시간이 그동안 북한과 중국에서 당면한 삶에 급급해 가려졌던 배움의 욕망에 불을 지폈다. 토요일이면 온종일 수업에 참석했다.

아들과 함께 아침 8시 지하철로 향한다. 집에 도착하면 자정이었다. 아들은 교실 뒤 의자에 앉아 수업 시간에도 조용했다. 챙겨 온 간식을 먹고 저녁까지 떼쓰는 일도 없다. 지하철에서 잠들어 난감했지만 놀랄 만큼 지구력이 있었다.

처음 한두 학기 동안 자본주의 변천사를 쓴 학자들의 이름밖에 기억하지 못했다. 공부가 한창 재미날 때 사회 복지사 자격을 받았다. 나에게 더 배워야 한다고 말하는 사람은 없었지만, 공부를 계속하고 싶어 석사 과정에 등록했다.

논문을 쓰면서 자기주장을 논거로 펼쳐가는 데 매력을 느꼈다. 무언가를 발견할 때의 묘미에 매료되었다. 석사 논문을 마치자 허전하고 아쉬웠다. 계속할 길은 있었으나 망설여졌다.

이어지는 나를 위한 지출에 동요했다. 딸들에게 고민을 터놓았다. 두 딸 모두 "하고 싶은 대로 해요."하고 내 선택을 지지해 주었다. 공부를 계속하기 전 경제적 지출보다는 왜 배워야 하는지를 진지하게 고민했어야 했는지도 모른다.

그런데 우직한 나는 그냥 하고 싶은 것을 한다는 생각으로 다시 출발선에 섰다. 지금 돌아보니 '무용한 것의 자유'를 마음껏 누린 시간이다. 김영민 교수의 《공부란 무엇인가》를 읽으며 무용한 것들이 사실 세상을 살아가는 데 진실로 필요하다는 행간에 깊이 공감한다.

가끔 쉼 없이 걸어온 배움을 향한 '무모한 용기'를 돌아본다. 자기 세계에 빠져 나름대로 열정을 태웠던 시절이다. 머리가 빠질 지경으로 논문을 읽고 분석했다. 탈북민으로서 탈북민의 삶을 들여다보며 필요한 것이 무엇일까를 고심했다. 변변치 못하나마 논거를 펼쳤다.

그 나날에 배운 것은 자유와 관용, 선택과 책임이다. 다양한 견해는 틀린 것이 아닌 다름이며 공존이 필요하다는 것을 깨달았다. 실현 불가능의 공산주의 너머 현시대의 다수가 지향하는 복지 국가를 배웠다.

내가 배우고 깨달은 것은 그야말로 빙산의 일각이다. 지성의 한 귀퉁이를 잠시 엿봤을 뿐이다. 그냥 내 허기진 지적 호기심을 만족시키기 위한 몸부림에 지나지 않을지도 모른다. 그 몸부림이 삶을 지탱해 주는 힘이 되었다.

착시

창밖 감나무 가지가 앙상해졌다. 하얗게 날리던 배꽃과 붉은 장미가 지고 찬 서리에 꿋꿋하던 국화와 코스모스도 스러졌다. 잎이 떨어져 가지만 남은 감나무가 삭풍에 떤다. 찬바람 휘몰아치는 거리는 어깨를 움츠리게 한다.

며칠 전까지 내리쬐던 따뜻한 햇볕과 복작이던 장거리의 활기는 닥쳐온 첫추위가 몰고 가 버렸다. 시장에 늘어선 가게에는 사람들이 여전하지만, 거리는 눈에 띄게 한산해졌다.

찬바람이라고 해야 장갑 없이 견딜 수도 있지만, 체감으로 느끼는 온도는 훨씬 낮은가 보다. 저마다 목덜미로 스며드는 바람을 피해 갈 길이 바쁘다. 덩달아 사무실 앞 도로에도 인적이 뜸해지고 오늘은 전화기마저 조용하다.

6시가 채 되지 않았는데 창밖은 어둠이 짙다. 골목길을 달리는 차들의 소음이 요란하다. 오늘 하루가 막을 내리는 중이다. 어제 그 시간처럼 나는 퇴근 준비를 한다. 하루를 살아 낸 안도와 내일을 살아야 하는 준비가 얽힌다.

봄날이라 감상에 젖고 여름이라 더위를 원망하고 이제 또 겨울을 바라본다. 상냥한 봄과 주렁졌던 열매를 기억으로 남기고 여윈 몸으로 찬바람에 담담한 나무는 알고 있다. 이 매운바람 뒤에 또 다른 봄이 기다린다는 걸 말이다. 찬바람은 세월이 멈추지 않고 간다는 걸 알려 주는 자연의 일깨움인지도 모른다.

유한의 시간을 살면서 무한대의 시간을 살아가는 양 서두름도 없고 멈춤도 없이 하루하루가 간다. 평화롭고 안온한 날들, 권태롭고 밋밋한 날들 속에 때로 희망에 부풀고 때로 악착같이 삶의 계단을 오르고, 또 때로는 나락에서 몸부림치기도 한다.

어느 순간 삶이 가상 현실처럼 느껴진다. 경계를 긋고 극을 이루는 두 세상과 그 속을 살아온 삶은 꿈이 아닐까? 생존의 에너지를 얻기 위해 두뇌가 만들어낸 착시 현상, 현실은 꿈꾸던 어느 순간들인지도 모른다. 기왕 그렇다면 온전한 나를 만들자. 어느 평행 세계에 살거나 회귀할 수 있다면 빛나는 문장가로 이름을 남긴 옛 허 씨 선조에게 빙의하는 인생을 살고 싶다.

세월의 무상함과 무정함을 뛰어넘을 수 있다면, 이루지 못한 꿈과 하고 싶은 일들을 생각한다. 누구에게나 시간은 공정하다. 변함없이 일정한 리듬을 새기며 흐른다. 그 누가 세월이 빠르다 했던가. 세월은 흔들림 없이 제 갈 길을 가는데 그 안을 살아가는 마음이 욕심과 욕망으로 바쁘다.

빠른들 어찌하고 늦은들 어찌하랴. 위인과 명사도 세월 앞에 장사 없고 아름다운 꽃도 시간이 지나면 시든다. 세월은 그 모든 것을 안고 시간의 바퀴를 돌려 낡은 것을 버리고 새로운 세상을 만든다. 그래서 인류가 생기고 역사가 만들어지고 시대가 변한다.

한 시대를 풍미한 마르쿠스 아우렐리우스는 “당장 세상을 하직할 수 있는 사람처럼 행하고 말하고 생각하라.”라는 말을 남겼다. 당장 세상을 하직한다면 지금 무엇을 말하고 무슨 생각을 해야 할까. 가족과 주위 사람들에게는 어떤 말을 남겨야 할까. 그런 마음으로 돌아보니 작은 희로애락에 목매어 살아가는 삶이 희극처럼 생각된다.

누군가의 말처럼 삶은 먼 곳에서 바라볼 때 희극이고 가까이에서 바라보는 비극인가. 멀리에서 봐도 가까이에서 봐도 비극인 고향 사람들의 모습이 엉성한 감나무 가지 위에 어린다.

자연의 섭리에 성큼 다가가 헛된 욕심과 번뇌를 훌훌 저 바람 속에 날려 버리고 주어진 하루하루를 마지막인 양 살아가자. 꿈인 듯 세월이 가고 꿈인 듯 오늘도 간다. 꿈인 듯한 세상도 가는 어느 날

창밖의 물오른 감나무 가지에 다시 꽃이 필 것이다. 연둣빛 새싹이 움트고 알알이 감이 무르익을 때 꿈인 듯 고향을 밟는 순간도 오지 않을까.

말의 두 의미

한국은 나에게 희망의 땅이다. 이 땅에서 가족의 만남을 이루고 사회적 인간으로 산다. 많은 것을 배웠다. 그중에도 자신을 돌아보게 하고 성찰하게 하며 사회적, 가정적으로 좋은 관계를 맺게 하는 말이 있다.

이 말에 진정을 담으면 세상이 봄날처럼 따뜻해진다. 태양은 축복하고 꽃들이 웃는다. 세상이 나를 위해 존재한다. 서툰 인간관계도 이 말을 주고받으면 사랑과 존중이 있다. 이렇게 충만함을 주고 삶을 풍요롭게 하는 말은 '감사합니다'와 '고맙습니다'이다.

삶에 활기를 주는 이 말의 의미를 대한민국을 살아가며 새롭게 알아 갔다. 북쪽에서 개인의 인정, 의리, 사랑에 묵시적으로 사용하지 못하는 언어가 '고맙다'나 '감사하다'이다. 감사나 고맙다는 보통 사람들 사이에서 사용하지 않는다. 이 말이 수령의 언어이기 때문이다. 최고의 경의를 표하고 수령의 은혜에 경배할 때 이 단어를 쓴다.

보통 사람들에게 이 말을 쓰면 어떻게 될까. 엊그제 어느 모임에 갔다. 1박 2일의 밤은 고향 이야기가 화룡점정이다. 생일을 맞는 친구의 "○○○ 동지의 탄신 52주년을 축하합니다."라는 요란한 건배

사는 크고 작은 웃음에 묻힌다.

우리 모두 웃음의 의미를 알고 있다. 바로 그 친구의 아버지가 지금의 생일 건배사로 평생 일하던 자리에서 노동자로 좌천되었다. 그 정도로 끝난 것을 다행으로 생각해야 하는 세상이었다.

북쪽에서 나서 자란 나도 친밀한 사이에 이 말을 쓰지 못했다. 수령의 언어를 개인 관계에 사용한다는 것은 오만불손이다. 이러한 사회 풍토에 살면서 부모님께는 물론이고 자녀에게나 가까운 지인에게도 마음을 표현하는 데 소심했다. 진심은 굳이 입 밖으로 꺼내지 않아도 마음으로 통한다고 생각했다. 그래서 한국에 정착하던 첫 시기엔 '감사하다', '고맙다'라는 말이 선뜻 나오기 어려웠다.

마음을 들여다보고 바꾸기 위하여 노력했다. 코칭 교육도 받고 아이들의 손을 잡고 상담도 받았다. 세상을 알기 위하여 시작한 사회복지 공부가 도움이 되었다. 배움은 전문적 지식뿐 아니라 인간적 윤리, 사랑과 우정, 인정에 대해서도 새로운 인식을 심어 주었다. 마음을 표현하고 소통하는 방법을 삶에 옮기려 하였다.

친밀한 사이일수록 가족일수록 고맙다는 표현이 어렵다. You 대화법과 I 대화법을 배운 날이다. 돌아오는 길, 지하철 창문에 비친 모습을 뚫어지게 바라본다. 나의 눈물과 쓰라림은 이해해 주길 바라면서 아이들 입장에서 그들의 감정을 헤아리는데 소홀했다는 사실을 새삼 깨달았다.

오늘은 꼭 아이들과 이야기를 나누고 싶었다. 집으로 돌아와 아직 잠들지 않은 딸에게 이야기를 꺼냈다.

"너의 생각을 너무 모르고 있었어. 앞으로는 무슨 일이든 먼저 한 번 더 생각하고 이야기할게."

"엄마 오늘 새로운 거 배웠어? 너무 이상하니까 그냥 본래대로 해."

큰딸도 작은딸의 이야기를 들으며 웃음을 참지 못한다. 맘먹고 시작한 나의 이야기는 채 꺼내지도 못하고 묻힌다. 변화를 추구하기도 힘들지만 변화되기는 더욱 어렵다.

아이들은 수용적인 태도에서 벗어나 나름의 주관을 가진다. 새로운 사회에 젖어 들수록 이해가 충돌한다. 내 교육관과 북한식 양육 방법은 반항에 부딪힌다. 사회주의식 권리와 자본주의식 자유와의 갈등이다.

이럴 때 우리를 묶어 주는 말이 '감사'와 '고맙다'이다. 마음은 표현해야 상대방이 이해한다. 마음을 전달하는 방식은 언어다. 그런데 나는 암묵적으로 배운 대로 생각했다. 자식이어서 말하지 않아도 이해하고 남편이어서 화를 내도 받아 준다고 믿었다.

어린 나이에 배고픈 세상을 둘이서만 견뎌온 장한 아이들에게 다시 만난 순간에도 살아 주고 이겨 줘서, 기다려 줘서 그리고 엄마에게 오는 용기를 내 줘서 고맙다는 말을 하지 못 했다.

참 못났다. 지금도 '고맙다', '감사하다', '사랑한다'의 표현이 서투니 말이다. 밖에서 일할 때 이제 입버릇이 되어 버린 감사하다를 오늘은 아이들과 남편에게 진정을 담아 이야기해 보련다. 사랑해서 생긴 우리의 작은 오해가 눈 녹듯 사라지기를 바라며….

경계에 살다

흔히 소유를 확인하기 위하여 경계를 나눈다. 바닥에 푯말을 박든지 단순히 깊은 금을 긋든지, 울타리를 세우든지, 자연에 표식을 남기고 그것을 근거로 이쪽과 저쪽을 나눈다. 그 경계는 개인의 영역일 수도, 국가의 영역일 수도 있다. 그 안에서 개인은 보금자리를 틀고 국가는 이념과 통치 체계를 세운다.

경계는 욕심을 가졌다. 작게는 밭두렁을 마주한 농부의 팻말이 밤사이 조금씩 앞으로 나가고 크게는 국가의 경계를 밀고 한 치 땅을 위해 피를 흘린다. 지난 역사를 근거로 대의명분을 내세워 수많은 사람이 죽고 죽이는 전쟁을 정당화한다. 경계를 넘어서는 힘은 이념일 수도 실리일 수도, 때로는 민족을 감염시키는 사상일 수도 있다.

경계는 시시로 변하지 않고 인정에 흔들리지도 않는다. 설혹 경계가 보이지 않는 바다나 하늘이라고 해도 영해, 영공으로 소속이 있고 주인이 있다. 경계는 보여도 보이지 않아도 공인되어 개인에게는 약속으로 국가 간에는 협약으로 견고하다. 아기에게 엄마와 아빠의 얼굴이 인지되듯이, 작은 동물에게 먹을 수 있는 먹거리와 그렇지 않은 것이 각인되듯 경계는 시간이 덧쌓여 역사로 굳어지고 후대로 이어진다. 자연스럽게 물리적으로 혹은 윤리적으로 넘지 못할 벽이다.

내가 사는 땅, 누구에게도 이롭지 않은 전쟁이 끝난 자리에 지금도 철책을 세우고 경계를 가른다. 서로를 겨눈 살인 병기들이 그 경계를 지키려 밤이나 낮이나 눈을 크게 뜨고 있다. 수백만이 죽고 수십만이 행방불명이 되었다. 이 땅을 살아가는 인간들의 삶에 지울 수 없는 상처를 남겼던 전쟁은 시작점에서 얼마 이동도 못 하고 70여 년이란 긴 시간을 서로 긴장 속에 마주 본다.

나를 둘러싼 경계는 견고했다. 거기에 속박되어 다른 쪽을 감히 넘볼 생각도 하지 못했다. 경계는 물리적 장치만이 아닌 시각적, 그리고 뇌의 생각까지 통제하는 인간 세상을 가르는 선이다. 그 보이지 않는 선은 칼보다 예리하다. 보이는 것은 물론, 보이지 않는 관습이나 천륜도 자른다.

현세에 다시없을 만큼 날카롭다. 부모와 자식을 가른다. 남편과 아내를 가른다. 원하지 않은 전쟁으로 가족을 떠나온 남편은 평생 수절하는 아내를 두고도 그 존재를 입 밖으로 내보지 못한다. 상상 속의 그림인 양 혼자 가슴속에서만 꺼내 봐야 했다.

굴욕적 합병을 벗고 광복이라는 민족사에 기여한 경계를 되찾은 고귀한 존재가 자리 잡은 중심은 언제나 나를 배척했다. 지식과 진리, 문명과 발전의 혜택은 멀리에 있었다. 지난날 변방의 귀양살이 후손들이 그랬던 것처럼 멀리서 바라보아야 했다.

중심에서 나오는 위대한 은혜에 의혹이나 반발은 허용되지 않았다. 약속된 평등 앞에 행복을 목이 터지게 외쳤다. 주변부는 나와 비슷한 사람들이 많았다. 주변부는 중심부보다 또 다른 경계에 가깝다. 그 너머에 다른 세상이 존재한다.

경계에도 뿌리가 있는가? 물론이다. 나누는 기준에 따라 아득한 옛적에서 기원을 찾아야 하기 때문이다. 공정과 평등은 명분과 정의를, 그리고 공의를 요구한다. 역사와 전통이 있다면 더 든든하게, 그리고 미약하다면 해석과 통찰, 의미를 부여하여 그 뿌리를 정당화한다. 만들어진 그 정당성이 평범한 사람들에게 의심할 나위 없는 삶의 진리가 되고 충성과 반역의 기준이 된다.

경계는 오랜 세월 그 본연의 의미에 충실해 오천 년 역사를 이은 땅을 나누고도 굳건했다. 영원할 것 같았던 뿌리를 흔든 태풍은 생존이다. 초보적인 생존권을 놓아 버린 경계는 그 본연의 굳건함을 잃었다. 흔들리며 생긴 균열이 경계인을 만든다.

불운한 시대라는 큰 물결이 없었다면 결코 건널 수 없는 너머다. 시대의 태풍에 떠밀린 씨앗이 삼만이 넘는다. 민들레 씨앗이 바람을 타고 먼 곳으로 날아가듯 기아라는 태풍이 경계 너머로 그들을 떠밀었다. 살길을 찾아서, 혹은 이념이 달라서일 수도 있다. 이유는 다를 수 있지만, 개인의 의지만으로 넘을 수 있는 한계가 아니라는 건 명백하다. 시대의 풍운이 개인의 삶을 바꾼다.

익숙한 경계를 넘어 또 다른 경계에서 오늘을 산다. 새로운 세계에서도 나는 경계를 맴돈다. 이 세계에도 만유인력이 작용한다. 지역 간, 계층 간, 세대 간 갈등에 앞선 이질감이 있기 때문이다. 이방인의 자취를 지우고 민족성에 기대어 동질화되려 한다. 주입된 가치관을 벗고 새로운 문화를 받아들이려 애쓴다.

새로운 경계는 자유를 중시한다. 자유는 선택에 대한 책임이다. 선택은 자유롭지만, 결과는 자신의 몫이다. 한 번도 장난감을 가져보지 못한 아이에게 지나치게 많은 장난감이 단번에 생기면 어리둥절한 건 당연하다.

낯선 자유에 난감한 건 나뿐인가. 자유를 무기로 경계에서 중심으로 갈 수 있을지는 아직 더 시간이 가야 알 것 같다. 태양의 주위를 도는 지구처럼 그 가장자리를 떠나지 못하는 건 경계를 넘은 자의 숙명이 아닌지 가끔 생각에 잠긴다.

붉은 신호등

친구와 나는 성향이 비슷하고 고향도 같다. 자연히 맘을 터놓고 서로 의지한다. 초여름에 접어드는 어느 날 갑자기 친구가 갑상선암으로 수술을 받았다. 초조하고 불안한 시간이 끝나고 또 하루가 지나자 다행스럽게 밥도 먹고 이야기도 하게 되었다. 제때에 암을 발견해 수술이 잘 끝났다는 안도감이 우리를 수다스럽게 했다.

오랜만에 마주 앉아 시간에 쫓기지 않고 기다리는 아이들 걱정도 내려놓았다. 무거운 짐을 벗은 마음이 마냥 즐겁다. 함께 보낸 어린 시절, 부모님, 나서 자란 고향을 등지고 희망과 절망이 엇바뀌던 중국의 시간이 아른거렸다. 친구가 고향을 떠나던 날 해 질 녘, 바람에 흔들리던 키 높은 수수밭에서 앞날을 기약하며 우리는 헤어졌다. 몇 년 후, 차창 밖으로 끝없이 펼쳐진 옥수수밭을 지나 이름도 낯선 중국의 어느 시골 마을에서 다시 만났다.

지치고 힘들었던 시간을 넘어 새로운 희망에 부풀었던 하나원의 하루하루도 추억이 되었다. 처음 맛본 라면 맛에 매료되었지만, 인내를 미덕으로 숭배하는 우리는 4만 원씩 지급되는 용돈을 아끼려 매장 근처를 빙 돌아 산책로를 택했다. 이번 주말엔 불교에 다음 주말엔 기독교에 그렇게 순서대로 종교의 맛과 색깔을 음미하고 마음껏 '신앙의 자유'를 누렸다.

웃고 떠들고 아이처럼 깔깔 웃어 본다. 이런 상황이 아닌 햇볕 따뜻한 날, 푸른 바다를 바라보며 우리만의 시간을 보내고 쌓인 추억을 펼친다면 얼마나 좋을까. 세상을 둘러봐도 우리 둘밖에 인연을 찾을 수 없던 그 시절, 같은 지역에 오려고 아무도 자원하지 않는 도시로 왔다. 벽만 있는 아파트 빈방에서 서로를 쳐다보던 때로부터 멀리도 왔다.

생소한 도시에서 길을 익힌다고 힘이 빠질 때까지 이리저리 헤맸다. 큰 길에서 한참 들어간 골목길 시장을 찾았다. 칼 두 개, 도마 두 개, 양념 그릇 등 주방 세간을 똑같이 고르고 돌아오는 길, 아무리 해도 집으로 가는 버스를 알 수 없었다. 결국, 택시를 잡아타는 큰 결정을 했다. 혼자 남는 것이 싫어 한 집에서 삼 일 밤을 보냈다. 이제 추억의 뒷길로 사라진 시간을 꺼내 보며 시름없이 웃는다.

그 시간으로부터 십여 년의 세월이 흘렀다. 그때 홀로 이 땅을 밟았던 나는 가족이 모여 살고 친구도 가정을 이뤄 두 아이의 엄마가 되었다. 아직 어린 자녀들 걱정에 남편 뒷바라지에 시부모님 챙기느라 바쁘다. 전화하면 피로에 지쳐 있어 언제 시간을 내보자는 말도 꺼내지 못한다.

바쁘기는 나도 마찬가지다. 이 세상에 녹아들려 무던히도 애썼다. 어깨를 짓누르는 가족의 무게를 감당하려고 죽을힘을 다했다. 한 해 또 한 해가 흐르고 그렇게 십여 년이 가 버리자 이제 자기 자리를 찾고 친구도 남부럽지 않은 가정을 이뤘다.

늘 자신을 뒤에 놓고 가족을 먼저 생각한 시간이다. 이렇게 입원실에 환자와 보호자로 마주 앉아 서로를 바라보니 우리의 삶이 마치 급발진된 자동차와 같다는 생각이 든다. 브레이크를 밟아도 서지 않고 직진하는 차처럼 삶이라는 짐을 지고 앞으로 가속도를 밟았다.

한국 문화에 녹아들려고 공부를 하고 대학원에 갔고 어린이집에서 애써 다른 엄마들의 대화에 끼어들었다. 아이들의 대학 진학으로 머리를 싸매고 직장에서 자기 자리를 찾아 계단을 오르고 또 올랐다.

문득 암이라는 붉은 신호등에 걸려 일상의 차가 멈춰 선 지금 서로를 돌아본다. 엄마로 아내로 살아온 자신을 마주한다. 일과 가정에 묻혀 사라진 시간을 꺼낸다. 가까운 곳에 살면서도 전화로 소통하고 얼굴 보기도 힘들었던 날들이 야속하다.

이제 일상에서 우리만의 시간을 찾는 건 어떨까? 더는 세월에 떠밀려 가지 말고 내일로 미루지 말고 너와 나의 시간을 만들어 보자. 우리 자신의 일상을 계획하고 내일을 바라보며 자신에게 시간을 써 보자. 예고 없이 불현듯 켜진 삶의 붉은 신호등 앞에서 잠시 휴식과 재충전을 계획하고 멈춤의 시간을 가져 보자 손을 맞잡는다.

테이블야자처럼

우리 집 창가에는 화분 두 개가 있다. 하나는 붉은 꽃을 자랑하는 난이고 하나는 푸름을 자랑하는 여인초이다. 우아한 노란색의 눈길을 끌던 카라는 집에 온 지 한 달이 못 미쳐 색이 퇴화하더니 종내에는 푸른 잎들만 남았다가 어느 날 누워 버렸다. 부드러운 황금색이 안정감을 주던 창가에 이제 푸름과 붉음만 남았다.

네 잎의 작은 여인초는 작년 어버이날 고른 화분이다. 가끔 주는 물만 먹고 쑥쑥 새잎이 자라는 여인초가 신기하다. 자상하지 못한 보살핌에도 아기 손 같던 잎이 큰 책장만큼 커졌다. 여리던 줄기는 굵어지고 이제 아홉 번째 잎이 줄기 가운데로 비죽이 얼굴을 내밀었다.

나는 화초를 잘 기르지 못한다. 과유불급이라는 말이 있음에도 늘 물을 넘치게 주곤 한다. 밝게 웃던 카라가 죽자 화분과 연이 없나 보다 생각했다. 여인초만은 살리고 싶었다. 이번에는 잎의 상태를 보아 가며 물을 주었다. 잎의 테두리에 주름이 잡혀 가고 누런 기가 감돌면 물을 준다. 죽는 게 두려워 삭막한 환경을 만들고 물이 필요해 보일 때까지 기다린다. 어쩌면 나는 여인초에 너무 가혹한 압제자인지도 모른다.

화분 관리하는 책을 읽고 물 준 날을 표시한다. 영양제도 투입하고 흙을 갈아 줘도 효과가 없다. 작년 가을 3년이 지난 행운목이 영양이 부족한 것 같아 화원에서 흙을 사다 분갈이를 했다. 더 왕성하고 생기 있는 잎을 기대했지만 웬걸, 겨울 동안 하나둘 누런 잎이 생기더니 급기야는 걷잡을 수 없이 시들어 버렸다. 차라리 하지 않느니만 못했다. 진정으로 화초를 위하는 게 무엇인지 알 수 없다.

꿈이 없다고 타박하는 아들이 떠오른다. 나의 지나친 극성과 돌봄을 빙자한 잔소리가 독이 되는 건 아닐까? 엄마라는 막중한 책임감이 가끔은 두려운 생각이 든다. 삶의 가장 어두운 터널에서 만난 아들은 언제나 존재만으로도 기쁨이었다. 나도 아들의 빛이 되고 싶지만 지나친 관심이 욕심이 될까 두렵다. 아들에게 인생의 길잡이가 되고 싶을 뿐인데 족쇄를 채우는 건 아닌가 싶어 서글퍼진다.

세 아이를 서로 다른 환경에서 키웠다. 고향에서 두 딸은 시오리 길을 걸어 학교에 가고 봄, 가을에는 농촌 동원이라는 이름의 농사일도 해야 했다. 그래도 기죽지 않고 건강하게 자랐다. 남부럽지 않게 키울 자신도 있었다.

아들의 교육 환경은 그때와 비할 수 없이 좋다. 학교는 집 앞 큰길을 건너면 된다. 아이의 발달을 위한 청소년 수련관, 체험관, 상담실 등 수많은 기관이 있다. 그러기에 한편으로 아들의 양육이 더 부담된다. 너무 많은 선택 앞에서 움츠러든다. 학교 교육만으로는 부족해 학원에 보낸다. 좋은 환경에서 온실 속의 화초처럼 자라는 건 아닌지 걱정이다.

사무실 한쪽에 테이블야자가 있다. 이제 한자리에 놓인 지 8년이 되어 간다. 끈질긴 생명력에 감탄한다. 해마다 가느다란 대가 생기고 잎이 펴지며 식구를 늘여간다. 더위에도 추위에도 살아남아 풍성해졌다.

친구들이 개업 축하로 보내온 난이 시들고 뒤에 배경으로 서 있던 몇 뿌리가 마음에 걸려 모아 심었다. 한두 해가 지나자 작은 공간에 잎이 겹쳐 촘촘히 있는 모습이 좀 더 큰 집을 바라는 것 같다. 큰 화분으로 옮기자 잎은 한껏 자리를 넓혀 갔다. 사철 푸른빛의 생기가 꿋꿋한 우리네 모습 같아 좋다. 키가 자란 테이블야자는 지금은 온전히 화분의 모양을 갖추고 있다.

생이별이라는 어둠의 터널을 견디고 새로운 세상에 첫발을 디딘 딸들은 테이블야자와 닮았다. 스스로의 힘으로 서려고 애쓴다. 진로를 고민하고 대학 식당에서 혼자 밥 먹기 싫다고 투정도 한다. 때로는 일기장에 쓴 글을 읽고 마음이 아프지만 힘내라는 말밖에 할 수 있는 일은 없다. 어쩌면 우리는 각자 세상에 적응하러 서로를 돌아볼 여유조차 없었는지 모르겠다. 이제 두 딸 모두 대학을 졸업하고 전공 분야에서 일한다. 잘 자라 준 아이들이 한없이 고맙다.

화분이 내게 하는 소리에 귀 기울여 본다. 모든 생명에게 지나친 도움은 필요 없는지도 모른다. 자연이 주는 햇볕과 최소한의 물만으로도 꽃은 피고 열매를 남기며 울퉁불퉁 나이테를 새긴다.

보호를 빙자한 과잉 친절과 돌봄이 오히려 자생력을 해치고 생명에 독이 될 수도 있다. 척박한 환경일지라도 생명은 스스로 자신을 보호하고 어떻게 살아남을지를 터득한다. 아들에게 보호가 아닌 지켜봐 주고 지지해 주고 응원이 필요한 이유이다.

제5부

뿌리

아버지의 삼백 원

97년이 저물어 가던 12월의 마지막 밤, 이날 아버지가 두만강을 넘었다. 엄마의 장티푸스와 조여 오는 가난은 사회주의에 익숙한 부모님에게 무서운 재난이었다. 평생 일했으나 가진 게 없었다.

TV는 옥수수와 바꾸고 재봉틀은 도둑맞고, 남은 게 집이다. 그 집에서 방 한 칸을 떼어 팔아 겨우 연명했지만, 더 팔 것도 없었다. 배급이 끊긴 세상에 꼬박꼬박 출근하던 아버지는 설 명절을 맞아 고향에 다녀온다고 직장에 휴가를 냈다.

아사할 위험이 시시각각 다가오고 있었다. 서발 막대 휘둘러도 거칠 것 없다는 말이 있는데 우리 집 형편이 그러했다. 장티푸스를 앓고 일어난 엄마는 엉덩이와 가슴을 대패로 민 듯했다. 여자가 그런 몸매가 될 수 있다는 것에 놀랐다.

근근이 이런 장사 저런 장사로 살길을 도모해 보지만, 장사도 밑천이 있어야 가능하다. 어떻게든 가족을 살려야 하는 나는 모험을 생각해 냈다. 그 모험이란 중국에 있는 아버지 외사촌을 찾아가는 것이다.

아버지는 80년대 도강증을 받고 용정에 있는 외삼촌 집에 다녀왔다. 십여 년이 흘러 외삼촌은 이미 고인이 되고 사촌이 남아 있다. 일생 한 번 본 사촌이 도와줄지 모르지만, 다른 출구가 없었다.

부엌이 이밥을 먹는다는 말이 들어맞는 시절이었다. 두 집 부엌을 감당할 수 없어 부모님과 함께 우리 집에 모여 살았다. 어느 날 엄마 몰래 아버지와 빈집에서 만나자고 약속했다. 방 한 칸을 떼어 낸 단칸방, 내게 그리도 익숙했던 집이 생경했다. 한겨울 불을 때지 않아 얼음장 같은 방안에 대충 작은 이불을 깔고 아버지와 마주 앉았다.

"아버지 중국에 다녀오지 않겠습니까?"

너무 뜻밖이었을까, 아버지는 대답이 없었다. 끝까지 타들어 간 담뱃불이 손끝을 태운다. 하얗게 탄 담뱃재가 저절로 재떨이에 부서졌다. 담뱃진에 찌들어 누렇게 된 아버지의 손끝이 가늘게 떨렸다. 긴 침묵 끝에 아버지가 물었다.

"같이 갈 사람은 있고?"

"네."

내가 찾은 동행은 시어머니다. 시어머니는 중국 태생으로 60년대 북한에 넘어왔다. 중국말도 어지간히 아셨고 더욱이는 도강 경험도 있다. 운이 좋은 것인지 그때까지 한 번도 국경 경계에 걸리지 않았다. 좋은 운에 기대는 것이 할 수 있는 최선이었다. 남들 모르는 시어머니의 여러 모험담을 알고 있는 아버지도 결국 동의했다. 그렇게 아버지가 떠났다.

일제강점기 섣달 그믐날, 빚쟁이들 모르게 야반도주했다는 가난한 사람들의 이야기를 읽었다. 백 년 전이나, 작금의 현실에서나 시공간을 넘어 어둠 속에 숨어들어야 하는 사람들의 공포는 똑같은 생각을 짜내나 보다. 12월 31일이어서 남들의 눈을 피할 수 있으리라는 생각 말이다.

두만강이 얼어 도강이 쉬우리라고 생각했던 짐작은 오산이었다. 며칠 후 집에서 멀지 않은 강둑에 올라 기절초풍할 만큼 놀랐다. 채 얼지 않은 얼음 사이로 퍼런 강물이 소리치며 흐르고 있었다. 두만강보다 수량이 작은 강도 얼지 않았으니 유속이 빠른 두만강은 더 말할 것도 없으리라.

뼈가 시리다는 말이 저절로 머리에 박힌다. 두 노인이 얼지 않은 두만강가에서 얼마나 놀라고 당황했을까. 여름철 수영을 배울 때도 심장마비를 걱정하던 강에 한겨울에 들어서다니.

이제 돈은 뒷전이 되었다. 아버지의 생사 때문에 잠을 이룰 수 없었다. 아버지의 등을 억지로 떠민 건 나였다. 강에 빠진 온갖 이야기들이 생생히 떠올랐다. 밤마다 영화에서 본 얼음물 속에 가라앉는 사람의 모습이 어른거렸다. 이미 사고가 난 건 아니겠지, 깊은 밤 인적 없는 강가에서 사고가 났다고 해도 알 수 없다는 사실이 공포로 다가왔다.

매일 엄마와 눈을 마주하지 못하고 아버지가 무사 귀환하기만을 빌었다. 아버지가 설이라 할머니를 뵈러 갔다고 믿는 엄마는 걱정이 없다. 기차가 며칠에 한 번씩 다니니 자연 십여 일이 지나도 그러려니 마음 편하다. 누구에게도 속을 터놓을 수 없는 나만 안절부절 바늘방석이다.

전기가 없는 긴 밤은 빨리도 온다. 유난히 짧은 겨울 해가 지고 등잔불 심지를 밝히며 밤을 보낼 준비를 하던 시간, 아버지가 불쑥 문을 열고 들어섰다. 등에 헐렁한 배낭 하나를 짊어지고 청진에 다녀오신 듯, 나도 모르게 아버지를 부르며 눈물이 왈칵 솟구쳤다.

무사히 돌아오셨으니 불효막심한 죄를 벗었다. 엄마는 아버지 배낭에서 나온 낯선 물건들에 눈이 휘둥그레졌다. 마음의 짐을 내려놓으니 더 물을 용기도 없었다. 다음 날 엄마가 중국 돈 300위안을 내놓았다. 사촌이 준 600원 중 도강비로 절반을 내고 남은 돈이다.

그 돈을 내어 준 친척과 더불어 낯선 이방 노인이 얼어 죽지 않도록 도와준 국경 마을 사람들에게도 늦게나마 고마움을 전한다. 동대문시장에서 만난 중국 여인에게 친절한 통역사가 되어 주고 구직이 필요한 연길 아줌마에게 하나하나 설명을 아끼지 않은 것은 그날의 삼백 원이 마음에 남아 있기 때문이 아닐까.

가장이라는 무거운 짐이 무서운 국가의 경계를 넘게 했다. 가족을 위해 안간힘을 다했을 아버지. 같은 돈이라 할지라도 가치는 상대적이다. 부자에게서 받은 죽 한 그릇과 가난한 자의 죽 한 그릇이 같은 의미일 수 없듯이 말이다.

총의 위협을 넘어 뼈 시린 얼음물을 두 번 건너온 아버지의 용기 삼백 원. 세월이 흐를수록 그날의 삼백 원이 또렷하다. 타들어 간 담뱃재가 손끝을 태울 때까지 넋 놓고 있던 아버지의 모습이 삼삼하다. 아직 얼지 않은 한겨울의 퍼런 강물이 보인다.

그 여름날의 추억

고향을 떠나 살면서 명절이 오거나 계절이 바뀔 때면 가끔 풍경처럼 떠오르는 추억이 있다. 초여름에 접어들던 어느 날 아침 문을 열고 들어서며 엄마는 이불 빨래를 하자고 한다.

"큰 이불을 빨자고요?"

"볕이 좋아 이불 빨래하기 딱이야."

계획에 없던 일이라 내키지 않는 표정을 지어도 아랑곳하지 않는다. 엄마는 이불장에서 시집올 때 해 준 큰 이불을 방바닥에 내린다.

딸이 시집갈 때 혼수품으로 이불 세 채 마련하는 건 고향의 오래된 관습이다. 좀 형편이 나은 집은 목화솜을, 그렇지 못한 집도 어떻게 하든지 이불 세 채만은 장만하여 딸을 시집보낸다. 이불을 혼수용으로 크게 꾸미다 보니 요와 이불에 들어가는 안감(흰 천)만 100m라고 엄마가 걱정하던 소리가 기억에 남아 있다.

시집올 때 가져온 이불은 가족이 매일 덮지 않고 보통 이불장에 잘 모셔 놓는다. 간혹 집에 손님이 오면 풀 먹인 하얀 안감이 반듯한 새 이불을 내어 놓는다. 큰 이불은 방으로 내려오는 날이 일 년 가야 손가락에 꼽히고 늘 점잖게 이불장에 얹혀 있다. 자연 큰 이불은 몇 년 가야 한 번 빨래를 한다.

빨래도 문제지만 다시 꾸미는 것도 만만치 않다. 1미터짜리 세 폭을 이어 붙인 이불 안감을 빨려면 먼저 이은 폭을 뜯어서 씻어야 한다. 다시 이어 박아 풀을 먹여 장판에 붙여 반듯하게 해서 꾸민다. 꾸미는 데도 혼자 손으로는 부족해 보조 인력이 필요하다. 그런 대공사를 마다 않고 엄마는 이불을 빨자고 한다.

하루 먹고사는 일이 투쟁인 나에겐 반갑지 않다. 굳이 하지 않아도 되는 일을 찾아서 하겠다는 엄마에게 심통이 났다. 이미 실밥을 물어 끊으며 이불 겉을 뜯기 시작한 엄마를 바라보니 말려도 소용없다. 커다란 대야에 가득 찬 흰 빨랫감을 보자 집에서 엄두가 나지 않는다.

집 앞 큰길을 가로질러 강가로 가야 했다. 엄마는 물이 좋고 볕이 좋아 빨래하기 그만이라며 서두른다. 한 번도 이런 큰 빨래를 해 보지 못한 나에겐 그저 아득하다. 불퉁한 내 표정을 보며 먼저 갈 테니 집안 빨랫감을 다 찾아 나오라는 말을 남기고 엄마는 강가로 향했다.

큰 빨래를 굳이 시작한 게 못마땅해 시간이 어지간히 흐른 후 강으로 향했다. 강둑에서 엄마의 모습을 찾았다. 멀리 물속에서 무릎을 걷어 올린 엄마가 커다란 이불 안감을 휘휘 저으며 헹궈 낸다. 왜소한 허리를 굽히고 물살에 늘어진 긴 천 끝을 흔드는 엄마의 손짓은 가볍고 일견 흥겨워 보이기까지 하다. 그 모습을 바라보며 한숨을 내쉰다. 왜 일을 만드시는 건지….

사람들이 오가는 강변 길목을 피해 물살을 거슬러 올라가면 널찍한 빨래 돌들이 여기저기에 자리 잡고 있다. 그 빨래 돌 하나에 헹궈 낸 빨래를 팡팡 두들기며 엄마가 나를 보고 웃는다. 하얀 천들이 물속에 꼬리를 끌고 있다. 밟고 두드리고 헹구고, 두부모만큼 큰 비누가 손바닥같이 얇아질 때까지 흰 천 갈피를 펼치며 빨래를 한다.

씻은 다음은 짜야 한다. 엄마는 늘어진 한끝을 잡고 나를 바라본다. 점벙점벙 물속으로 걸어 들어가 양 끝을 마주 잡는다. 발가락 사이를 간질이는 물결이 내 짜증도 함께 싣고 간다. 폭이 좁아 다행히 짜는 건 힘들지 않다. 힘껏 마주 비틀어 짜고 다시 또 비틀고, 엄마는 힘내라고 잔소리를 한다. 두 귀를 잡고 탁탁 털어 주름을 편 후 절반으로 폭을 접고 다시 마주 가며 접는다. 귀를 맞추고 네모반듯하게 만들어 손으로 두드려 준다. 차곡차곡 대야에 담았다. 물기를 머금은 이불 홑청은 너무 무거워 들어 옮길 수조차 없다. 볕이 좋아 금방 마른다는 엄마 말대로 강변에 널어 말리기로 했다.

강변에는 세월에 씻기고 비바람에 닳아져 둥글둥글해진 크고 작은 돌들이 무수하다. 며칠 전 내린 비에 씻긴 탓인지 쓱 손으로 문질러도 먼지 한 점 없다. 한낮의 햇볕에 달아오른 자갈밭에 하얀 천들을 여기저기 널어 펼치고 날리지 않게 네 귀에 주먹만 한 돌로 눌러 놓았다. 넓은 강변은 이불을 아무리 널어도 좁지 않다.

간혹 바람이 몰려와 마른 쪽을 휘저어 하얀 천이 일어서면 돌을 다시 짓누르고 중간에도 돌 하나를 던져 놓는다. 마르기를 기다리며 머리를 감기도 하고 물살을 휘저어 보기도 하며 한나절을 보냈다. 손발을 담근 물에서 올라오는 청량감이 초여름의 익어 가는 더위를 쫓는다.

지글지글 태양이 정수리를 뜨겁게 달굴 무렵, 점심때가 지나도 돌아오지 않는 엄마와 나를 찾아 둑길로 자전거를 타고 달려오던 딸애의 모습도 눈에 선하다. 귀 기울이면 푸른 들풀이 융단처럼 깔린 둑길에 날리던 단발머리와 빛나던 눈동자, 할머니를 부르던 목소리가 쟁쟁하다. 눈에 넣어도 아프지 않을 손녀를 사랑스레 바라보던 엄마의 환한 미소가 푸른 하늘 가득히 보인다.

그렇게 우리 세 모녀는 강가에서 초여름의 한나절을 보냈다. 무심히 흘린 날 중 하루, 어느 여름날의 잊지 못할 풍경이다. 늘 나를 위해 무거운 일은 도맡아 주던 엄마, 세월이 흘러 이제 엄마의 나이가 되고 나서야 그 마음을 헤아려 본다. 가끔 여름날 강녘을 바라보면 햇볕이 부서지는 물결 사이로 이제는 아득한 시간 속의 엄마가 아련히 떠오른다.

친정어머니시죠?

아침 출근길, 엘리베이터가 중간에 멈춘다. 아이스박스를 안은 할머니와 중년의 여인이 들어섰다. 구김살 없는 여인의 표정과 스스럼없는 할머니의 웃음이 마음속 어딘가에 잠들어 있던 엄마와 나를 떠올리게 한다. 저절로 "친정어머니시죠?" 하고 물었다. 내 표정에서 묻어나는 그리움을 읽은 듯 할머니가 몇 층이냐, 어머니가 안 계시냐 묻는다.

이제는 아득해진 어느 여름날과 겨울날, 나도 그랬다. 저 모녀처럼 엄마는 곁에 있었다. 아이들을 돌봐 주고 집 앞 강변에서 이불빨래를 해주고, 학교에서 소풍 가는 날이면 손꼽아 기다리다 아이들의 손을 잡고 앞장섰다. 때로는 주책이라고 엄마를 탓하고 마음이 맞지 않아 구시렁거리기도 했다. 괜히 다투고 며칠은 친정에 가지 않고 뻗대다가 엄마 손길이 필요하면 슬그머니 들어섰다.

명절이 오면 음식 준비로 바쁘다. 떡은 명절과 어울리는 기본 중의 기본이다. 집마다 떡가루를 내는데 이 또한 하루 품이 드는 큰일 중 하나다. 부지런한 사람들은 새벽부터 방앗간 앞에 줄을 선다. 그런 날이면 엄마가 있어 걱정 없다. 떡쌀을 엄마에게 맡기고 기다리기만 하면 된다. 언제까지라도 그렇게 살 줄 알았다.

아줌마들의 전쟁터인 배급 줄 서기도 엄마 몫이었다. 남처럼 장사도 못 하고 가냘픈 몸매였던 엄마는 젊은 사람들이 지쳐 떨어지는 배급소에서 끈기 있게 줄을 지켜 배급을 탔다. 나도 못 하는 걸 어찌 해냈느냐고 하면 그것도 못 하냐며 웃었다.

그 배급마저 없어지자 산으로 향했다. 농사를 짓기 위해서다. 기계의 힘을 빌리지 않고 인력으로 산비탈을 괭이로 뚜지는 농사는 엄마에게 고역이었다. 평생 처음 해 보는 일에 전기도 수도도 없는 열악한 환경이다. 험한 일에 손끝이 닳고 허리가 휘었다. 하얗게 맑던 엄마 얼굴이 거뭇거뭇해지고 산골바람에 손발이 터 갔다. 두 손은 굳은살이 생겨 만져 보기 겁났다.

가을이면 엄마는 전혀 다른 사람처럼 거칠어져 봄, 여름, 가을 땀이 밴 옥수수와 함께 집으로 왔다. 가을 짐이 많아질수록 더 변했다. 겨울을 지나 얼굴이 맑아질 때쯤 풀썩 늙어 버린 엄마는 애써 웃으며 다시 산으로 떠났다.

아이들은 할머니를 좋아했다. 엄마가 장티푸스를 앓고 난 뒤, 집에는 흰쌀이 없었다. 어느 날 다섯 살 작은 딸이 자기 점심 밥그릇을 등 뒤에 감추고 나갔다. 뭘 하려는 걸까 궁금함에 슬며시 따라나섰다. 딸애는 밥그릇을 들고 할머니 집으로 향했다. 밀물처럼 닥쳐온 가난에 어른들은 점심을 챙기지 못하던 때였다. 나도 모르게 가슴이 뭉클했다.

엄마는 끔찍이도 외손녀들을 사랑했다. 엄마가 있었기에 아이들과의 이별도 결심할 수 있었다. 중국에서 가끔 전화를 하면 품에서 떼어 놓지 못하겠다고 입버릇처럼 이야기하셨다. 그 때문에 아이들을 국경 너머로 보내라는 말조차 꺼내지 못했다. 그런 엄마가 한국에 도착한 첫해에 돌아가셨다. 마치 내게 바통을 넘겨주듯이 말이다.

이제 보고 싶은 엄마는 영영 떠나 버렸다. 딸의 후회와 비탄을 받아 주지도 않은 채 가셨다. 단 한 번만이라도 저 모녀처럼 웃어 볼 수 있다면 어떤 것도 감수할 수 있을 것 같다. 함께 엘리베이터를 타고 내 차에 올라 불어오는 바람을 맞으며 말없이 서로 바라볼 수 있다면, 그리움이 회오리처럼 가슴에 인다.

이별

엄마와 시장에 다녀오는 길, 강바닥을 질러가는 길 외에 또 하나의 다리가 있다. 철 기둥을 중간중간 세우고 거기에 굵은 밧줄을 감아 만든 다리다. 꽤 길어 중간에 가면 흔들리는 멋이 있다. 언제부터인가 일 미터 폭의 다리에 군데군데 널판자가 뜯겼다. 어두울 때나 무거운 짐을 지고 건너려면 다리가 후들거린다.

그래서 강변을 질러가지 못할 상황에서만 이 다리를 이용한다. 아직 얼음이 남았거나 장마 후 물이 많이 불어나면 어쩔 수 없이 이쪽으로 향한다. 우리에게 흔들다리는 멋이 아니라 불편함이다. 그날도 엄마와 시장을 보고 집으로 돌아가는 중이었다. 흔들다리 중간을 지나다 어렵게 입을 뗐다.

“엄마 나도 중국에 가 보고 싶어.”

엄마가 놀란 눈으로 바라본다. 맘속으로 수십 번을 되뇌던 이야기다. 언젠가 불현듯 길을 떠나면 그땐 차마 입을 뗄 수 없을 것 같다. 아직은 언제 어떻게 가겠다는 계획도 없다. 그래도 언젠가 떠날 거라는 각오가 맘속에 있다. 엄마는 듣지 못한 듯 말이 없다. 다리를 건너고 나서야 돌아본다. 침묵이 말보다 무겁다는 사실을 그때 알았다. 그 무게에 질려 입을 연다.

“지금은 아니지만 언젠가는 꼭 가보고 싶어.”

“아이들은?” 엄마의 첫마디다.

“엄마가 있으니까.”

하는 대답이 목구멍까지 올라온다. 그래도 차마 뱉을 수 없어 눌러 참았다.

그날도 엄마는 부실한 내 허리를 걱정해 무거운 배낭을 먼저 잡아당겨 어깨에 올렸다. 자그마한 체구에 어디서 그런 힘이 나는 건지, 늘 엄마는 걱정이 많다. 무거운 걸 들어 세월이 가면 아예 못 쓴다고 허리를 조심해야 한다고 당부한다. 엄마는 고기를 싫어하고 뼈만 좋아한다는 어느 고사는 나를 두고 한 말이다. 아픈 내 허리만 알고 엄마의 애달픈 모성은 몰랐다.

다섯 손가락을 깨물어 안 아픈 손가락이 없다지만 엄마는 내게 유독 관대했다. 맏이여서 그랬을까. 나를 먼저 챙겼다. 응당하게 받았고 시집갈 때까지 크림 하나 스스로 사 본 적 없다. 엄마의 사랑 속에 돈을 모르고 살았다. 엄마라는 울타리가 있어 세상은 아름다웠다.

직장에서 어쩌다 늦게 돌아오는 날이면 엄마는 전등 불빛 아래서 바느질을 하며 기다렸다. 동생들은 윗목에서 쌔근쌔근 숨소리를 내며 잠들었다. 따뜻한 아랫목에 이부자리를 펴 놓고 옆에 앉아 해어진 양말 안에 전구를 넣어 바느질하거나 긴 대바늘 코를 떴다. 때로는 낡고 작아진 동생들의 옷을 풀어 실로 공을 만들었다.

그 무렵 나만의 세계가 있었다. 책 속에 묻히기도 하고 친구에게 남모르는 비밀을 속삭이느라 늦게 오기도 했다. 강 건너 시내 영화관에서 새로 나온 영화를 보는 것도 늦게 들어오는 이유 중 하나였다. 하늘에 금모래를 뿌린 듯 별이 총총한 밤, 즐거운 상상 속에 기다리는 엄마 생각은 까맣게 잊었다.

집 문 앞에서 흘러나오는 불빛을 보면 그제야 아차 싶었다. 먼저 주무셔도 되는데 왜 기다릴까, 은근히 골이 나기도 했다. 때로는 혼자 밤길이 무서워 공장 합숙방에 살고 있는 친구와 함께 돌아왔다. 엄마는 한 번도 그런 나를 나무라지 않고 가마솥에 넣어 둔 밥과 반찬을 내놓았다.

또 이런 일도 있다. 시집간 첫 시절 집이 못 견디게 그리웠다. 문득 낯선 방에서 눈을 떴을 때의 생경함이 싫었다. 푹신한 이부자리보다 내가 덮던 낡고 얇아진 이불이 그리웠다. 회벽 냄새가 밴 새로 꾸민 방보다 동생들과 나란히 누웠던 작은 방의 친숙함이 좋았다.

일주일이 멀다 하고 집으로 달려갔다. 내가 오면 엄마는 새 밥을 지어 주었다. 동생들이 볼세라 얼른 잡곡을 밀어 놓고 쌀을 골라 떠 주며 빨리 먹으라고 재촉했다. 그 사랑이 언제나 곁에 있을 줄 알았다. 엄마와 떨어지는 것이 낯설어 그리도 집이 그리웠던 것을 이제는 알겠다.

엄마와 헤어지면서 어떻게 그렇게 냉정할 수 있었을까? 집을 영영 떠나던 날, 나는 한마디 말도 남기지 않았다. 돌아온다고 할 수도 있었고, 아이들을 부탁한다고, 그동안 건강을 잘 돌보라고 할 수도 있었는데….

말하지 못했다. 지킬 수 없는 약속, 빈말도 싫었지만, 무엇보다 떠난다는 이야기를 꺼낼 수 없었다. 두 팔 벌려 막아서는 것이 두려워서였을까. 엄마의 세상에서 내가 얼마나 큰 자리를 차지했는지 결혼할 딸아이를 두고서야 돌아본다. 세상의 절반을 잃었을 엄마의 마음을 요즘에야 다시 생각한다.

그 후 연길에서 전화 통화를 했다. 엄마의 첫마디는 어떻게 우리를 버릴 수 있냐는 물음이었다. 한 번도 버린다는 생각을 해 보지 못한 나는 말문이 막혔다. 엄마에게 들려줄 수 있는 건 억눌린 울음뿐이었다. 어떤 말도 떠오르지 않았다. 내가 선택한 것이 지키기 위한 이별인 줄 엄마는 몰랐을까?

이제는 가슴에만 있는 엄마를 생각하며 변명 같은 대답을 중얼거려 본다.

뿌리

연암 박지원의 《양반전》은 남북을 가리지 않고 널리 회자되는 소설이다. 북한에서 이 작품을 영화로 보았다. 아버지를 생각하면 〈양반전〉이 떠오른다.

초등학교 3학년이라고 기억된다. 학교에서 부모님의 직장 직위, 당원 여부 등을 조사했다. 불현듯 아버지가 당원이 아니라는 걸 깨달았다. 더불어 다른 친구들의 아버지나 엄마의 직위가 선명히 머리에 떠올랐다.

사실 우리 학급 50명 중 부모가 당원이 아닌 친구들이 절반은 되었지만, 그건 중요하지 않았다. 중요한 건 아버지가 당원이 아니라는 사실이다. 집에 오자마자 책가방을 던지듯 놓고 아버지를 찾았다.

아버지는 왜 당원이 아니냐는 물음으로 부족해 다른 친구들의 아버지가 당에 들고 또 간부가 될 때 아버지는 뭐 하셨냐고 물었다. 아버지는 한참이나 말없이 앉아 계셨고 습관처럼 담배를 찾아 입에 물었다.

부스럭 소리도 잦아들고 담뱃불을 붙이고도 이윽고 말이 없자 아버지를 부르며 재촉했다. 얼마 후 묵직한 한마디가 들렸다. “우리 허씨는 대대로 양반이다.” 동문서답이다. 침을 삼키며 기다리다 그만 어이가 없었다.

내가 아는 양반은 바로 〈양반전〉 영화의 양반이다. 아무것도 할 줄 모르고 하려고도 하지 않는 양반, 세속과 동떨어진 글을 읽는 양반, 실속 있게 꾸민 문서의 양반도 마음에 들지 않기는 마찬가지다. 양반은 자라서도 나에게 돈키호테와 다름없다. 그게 뭐가 중요하고 자랑거리인지 도무지 알 수 없었다.

친구의 집에 있는 기념사진(수령과 찍은 사진)은 가보처럼 여겨지지만, 누구의 선대가 양반인지는 하수구에 흘러간 구정물처럼 불필요하고 가치 없는 시대였다. 아버지의 양반은 내게 하등의 관심사가 되지 못했다.

전쟁 때 행방불명 된 할아버지의 이름도 입에 올리지 않는 아버지, 아버지의 할아버지의 할아버지가 양반이라는 게 무슨 의미란 말인가.

가장을 잃고 홀어머니 손에서 자란 아버지는 전후 복구 건설이 한창이던 시절 일할 나이가 되었다. 맏이라는 책임감이 보수가 높은 일자리를 찾게 했다. 어디나 노동력이 필요했다. 유해 가스가 방출되는 화학 섬유 공장이 아버지의 직장이 되었다.

모두가 기피하는 현장이었다. 대신 급여가 높고 영양제를 공급했다. 20년이 지나 결국 일을 할 수 없게 몸 상태가 나빠져 사회 보장(산업재해나 그에 준하는 병 발병 시 사회적 부양자로 된다)을 받았다. 40대에 폐인이 된 것이다.

기본 계급에 속하지 못하고 부양자가 된 아버지에게 당원은 하늘의 별 따기라는 걸 알게 되기까지는 세월이 흘러서였다.

항일 빨치산의 영광스러운 혈통은 아니어도 좋았다. 최소한 영예로운 죽음을 남겨야 후손에게 이름이라도 기억된다.

살아 있는지 죽었는지조차 알 수 없는 선대, 낙인으로 자식들에게 불이익을 끼치는 할아버지다. 성인이 될 때까지 할아버지의 성함도 몰랐다. 아니 알려고 하지도 않았다.

본적에는 관심도 없었지만 묻는 곳도 없었다. 애당초 허 씨가 아니라 김 씨여도 별 불만이 없을 만큼 가족사는 우리에게 의미가 없었다. 나라를 찾아 준 위대한 수령이 전주 김 씨라는 건 자다 물어도 안다. 그 신성시되던 전주가 전주비빔밥처럼 평범함의 상징이라는 걸 알고 난 뒤에는 무척 놀랐지만 말이다.

오랜 세월이 지나 한국에 첫발을 들여놓았다. 기관에서 호적을 만들며 본을 물었다. 갑자기 당황했다. 의문조차 가지지 않았던 본적지가 생소하여 떠오르지 않았다. 그때 처음으로 뿌리에 대해 생각했다. 잊혔던 아버지와의 오래된 대화가 기억의 수면에 올라왔다. 그때 아버지는 무엇을 말하려고 했을까? 아버지에게 듣지 못한 뒷이야기가 처음으로 궁금해진다.

뿌리 없이 자라는 줄기는 없다. 아버지는 책을 좋아하셨다. 공장 도서관에서 빌려온 책들 덕분에 나는 쉽게 책을 접할 수 있었다. 정직하고 고지식한 성품도 아버지가 물려준 유산이다. 순종만을 알았던 세계에 처음으로 의문이 생겼을 때 생각을 나누고 지지해 준 사람도 아버지였다.

아버지가 물려준 건 물질이 아닌 정신이었다는 생각을 뒤늦게 한다. 한 해 또 한 해 나이를 먹으며 근본에 다가가고 싶은 본능적 욕구가 솟아난다. 할아버지와 아버지 그리고 나를 지나 다음 세대로 이어질 정신을 생각해 본다. 잊지 말아야 할 근본이다.

직업적으로 방문하는 어르신 댁에서 가문의 계보를 적은 두툼한 책들을 마주한다. 두꺼운 유리장 속에 소중히 간직된 그 가보들을 보며 할아버지가 삼대 외 독자셨고 아버지가 장손이셨으니 이 땅에 살았으면 집에도 저런 계보가 있지 않을까 상상한다.

작년 추석을 맞아 파주에서 진행하는 행사에 참여했다. 행사가 끝난 후 야산 주변을 거닐다 우연히 광주 김 씨의 선산을 보게 되었다. 아득한 시조로부터 근대의 종조부에 이르기까지, 알뜰하게 가꾼 묘역을 돌아보며 다시 아버지 생각을 한다.

아버지가 그때 나에게 하려던 이야기는 무엇이었을까? 그것은 뿌리와 근본, 가문의 역사가 아니었을까? 이제는 풀 수 없는 수수께끼가 되어 버린 아버지의 이야기를 되새긴다. 허 씨 선조의 알뜰한 묘역에 할아버지도 계시기를 바라는 마음이 간절하다. 그곳을 찾고 싶다.

엄마 목소리

아침부터 비가 부슬부슬 온다. 도로에 차들이 길게 늘어서 거북이처럼 움직인다. 내가 일하는 곳은 재가 복지 센터다. 독거 어르신도 있고 자녀가 있는 분도 있다. 갑자기 병원에 가야 할 사정이 생기면 어르신들은 도움을 청하러 나를 부른다. 오늘 평소 어머니처럼 지내는 어르신과 병원으로 향했다.

동향이어서 더 마음이 가는지도 모른다. 국립의료원에 진료를 예약하고 보호자가 되었다. 진단 결과 축농증이 심해 수술을 결정했다. 건강 상태를 고려해 병원에 입원하여 수술 전 검사를 받기로 했다. 입원하려면 코로나 검사가 먼저다. 힘이 없어 떨리는 노인을 간신히 부축하며 검사를 받고 입원 수속을 마쳤다.

어르신은 몇 걸음을 걷고는 숨이 차서 멈추곤 한다. 내 팔에 의지해 오는 노인을 부축하고 천천히 걸으니 점심시간도 훌쩍 지났다. 지쳐서 힘없이 앉아 계시는 뒷모습이 애잔하다. 병원 한쪽의 매점에서 따뜻한 두유 한 잔을 사 들고 입원실로 향했다. 간호사가 집에서 매일 드시는 약을 가져와야 한단다.

어르신 댁에 다녀오기로 했다. 붐비는 동호대교를 지나 필요한 약을 챙기고 다시 병원으로 향했다. 새삼스레 엄마 생각이 난다. 이렇게 내가 운전하는 차에 모시고 병원도 가고, 심부름도 하고 싶다. 가끔은 아이들과 다투는 것처럼 티격태격하다가 다시 맛집도 찾고 나란히 앉아 먼 고향의 하늘을 바라볼 수 있다면 하는 상상으로 가슴이 뻐근해 온다.

누군가는 지금도 일상이지만 나에게는 이룰 수 없는 꿈이다. 엄마의 모습, 가벼운 발걸음 소리가 들리는 것 같다. 집을 떠나던 날, 문밖에서 잠깐 엄마와 만났다. '집에서 기다려' 하는 목소리를 뒤로하고 돌아섰다. 이별을 앞두고 바라보기 괴로워서였다. 엄마와 눈을 맞추고 떠난다는 말을 할 용기는 더욱 없었다.

이생에서 엄마와의 마지막 순간을 그렇게 보냈다. 이야기라도 할걸, 그랬으면 어땠을까. 이미 어찌할 수 없는 후회만 남고 말았다. 시간은 가장 냉혹한 심판자다. 모든 순간을 지켜보며 자비와 동정 같은 건 없다. 오히려 어리석은 나를 비웃는 듯하다.

세월이 흘렀지만, 마지막으로 봤던 엄마의 모습은 영원히 기억에 남아 있다. 이제 돌아올 수 없는 길로 떠나신 지도 십 년이 되어 간다. 그곳에는 남과 북이라는 이념 대립도 없고 여행증도 필요 없을 것이다. 멀고 가까운 곳도 마음대로 오갈 수 있는지 궁금하다.

훨훨 이 세상에 오실 수 있다면 얼마나 좋을까. 그러면 사랑하고 걱정하던 이 딸이 자본주의 남쪽에서 아이들과 잘 사는 걸 보시련만….

중국에서 살던 어느 날, 새벽잠에 빠져 있다 놀라서 튕기듯 일어났다. 귓전으로 나를 부르는 엄마 목소리가 스쳤다. 혹시 한 번 더 부를까 싶어 오래도록 꼼짝 않고 기다렸다. 분명 꿈이 아니었다. 금방이라도 다시 들릴 것만 같아 무릎을 끌어안고 숨을 죽였다. 가슴이 쿵쿵 뛰었다. 그렇게 엄마는 내게 환영으로 오시기도 했다.

하지만 돌아가신 다음에는 그런 일도 없다. 가끔 꿈에 보이던 모습도 지금은 나타나지 않는다. 언제 그날처럼 나를 부르는 엄마의 목소리를 한 번이라도 듣고 싶다. 그것이 비록 꿈일지라도.

몇 년 전에는 이런 일도 있었다. 지하철을 나와 무심히 걷고 있는데 앞에 가는 왜소한 여인이 보였다. 순간 가슴이 철렁했다. 짧게 친 파마머리와 좁은 어깨, 빠르지도 느리지도 않은 걸음걸이마저도 어쩌면 비슷한 것 같았다. 아니라는 걸 알면서도 심장이 빠르게 뛰었다.

얼빠진 사람처럼 얼마쯤 여인을 따라갔다. 도저히 마음이 진정되지 않아 나란히 걸어가며 훔쳐보았다. 전혀 다른 얼굴이었다. 맥이 풀렸다. 그냥 뒷모습만 보고 말 걸 하는 후회가 따랐다.

문득문득 엄마 생각이 난다. 잊었던 기억들을 가만히 떠올린다. 이전에 잘했다고 생각했던 것이 마음에 걸리고 왜 엄마 입장을 헤아리지 못했을까 후회된다. 잘했다고 마음에 남은 추억들도 돌아보니 철없는 자기만족일 뿐이다. 이제 엄마는 다시 돌아오지 못하는데 후회도 부질없다.

아이들에게 화를 내고 이해하지 못하겠다고 푸념을 늘어놓는다. 그러다가 예전의 나를 생각하면 용서가 된다. 나도 걸핏하면 엄마에게 화를 내고 사과 한 번 해 본 적 없었으니까. 나이를 먹어가며 지난 시간을 고스란히 돌려받고 있다는 생각을 해본다.

엄마의 체취가 그립다. 좁고 연약하던 두 어깨와 언제라도 내 편이 되어 바라보던 엄마의 눈길이 간절하다. 그래서 내가 어르신들께 잘하려 하는지도 모르겠다. 엄마에게 못다 한 속죄를 받아 줄 누군가가 필요하다.

흔적

찌잉, 낯선 번호를 누르자 신호 가는 소리가 유난히 크게 들린다. 흠흠, 마르는 목을 틔우려 헛기침을 해 본다. "누구세요?" 나이 지긋한 여성의 목소리가 들리자 알 수 없는 긴장감이 몸을 감싼다.

"혹시 김○○이란 분을 아시는지요?"

"아니요, 모르겠습니다." 일 초의 망설임도 없는 대답이 들려온다.

"저의 시아버님으로 댁의 아버님 되신다고 알고 있습니다. 혹시 아버님 성함이 아니신가요?"

"아, 맞습니다. 너무 갑작스러워서."

한참 후에야 놀람에 어쩔 줄 모르는 대답이 들려온다. 나는 북한에서 왔고 시아버님의 사진을 전해 주고 싶다고 목적을 밝혔다. 아버님의 고향은 대구다. 한국 전쟁에 참전하여 포로가 되어 북쪽의 어느 탄광 마을에서 생을 마치셨다. 유언으로 남쪽을 향해 묻어 달라는 말씀을 남기셨다. 왜 그러셨는지 묻지 않아도 안다. 비록 돌아가지 못한 고향이지만 언젠가 남쪽에서 가족이 온다면 제일 먼저 보고 싶으셨으리라.

잊고 지냈던 시아버님의 모습과 고향을 기억해 낸 건 대한민국에 첫발을 들여놓으면서였다. 한국 땅을 밟았다는 감격은 자연 이 땅을 그리도 그리시던 시아버님 생각으로 이어졌다.

한평생 애달파했고 꿈에서도 그리던 땅, 시아버님의 그 이룰 수 없는 평생의 꿈에 내가 서 있었다. 마땅히 자손으로서, 처음으로 이 땅을 밟은 사람으로서 가족들에게 소식을 알려 드려야겠다는 의무가 깨어났다.

명절이면 늘 떠들썩한 자식들을 앞에 두고도 그늘이 있던 아버님의 모습이 떠오른다. 가끔은 '우리 집 옆에 큰 목재 공장이 있었는데'로 고향 이야기를 시작하셨다. 그러나 고향 산천 이야기뿐, 자녀에 대해서는 듣지 못했다. 돌아가신 뒤에는 우리 어투와 다르던 특이한 말소리가 추억으로 남았다.

알고 있는 작은 자료를 바탕으로 하나하나 꾸준히 파고들었다. 대전 현충원에서 아버님의 성함을 찾았다. 고향과 옛 흔적을 더듬어 드디어 큰딸의 전화번호도 받았다.

부산 해운대에 살고 있다는 그녀를 찾아 KTX에 몸을 실었다. 나보다 늦게 탈북한 지인을 통해 어렵게 받은 아버님의 사진도 챙겼다. 사진 속 모습은 70대의 노인이다. 그러나 내가 마지막으로 뵌 아버님보다는 한창 젊어 보이시기도 했다.

부산행 기차에서 내려 택시를 타고 골목을 돌아 약속한 장소로 갔다. 딸은 이미 60대 중반의 여인이었고 그의 아들도 40대의 장년이었다. 그들이 모르는 아버지의 모습, 할아버지의 모습을 나만 알고 있다고 생각하니 가슴이 아렸다.

돌아가실 때까지 남모르게 애태우며 그려온 시아버님의 염원이 바로 이들이라는 생각에 눈가가 뜨거워졌다. 이들을 만날 줄 북쪽에서 상상이라도 했다면, 아니 한 번쯤 그럴 수 있다고 가정했다면 어땠을까? 조그만 희망이 보였어도 아버님은 가슴속에 숨긴 이야기를 몇 날 며칠 밤을 새워 전했을 것이다.

사실 내가 아는 시아버님의 이야기는 별로 없다. 벽에도 눈과 귀가 있는 그곳이다. 가족들 사이에서도 남쪽의 이야기는 암묵적으로 금지되어 있다. 고향 이야기도 조심해야 했다. 두고 온 가족 이야기도 하지 않았다. 함께 사는 가족이 서로 믿지 못해서는 아니다. 남쪽 출신이어서 귀에 걸면 귀걸이, 코에 걸면 코걸이가 되는 세상에 말만큼 무서운 것이 없다. 자식을 지키는 부모의 마음이 입에 자물쇠를 채우게 한다. 그 시절을 살아온 사람들은 하 많은 이야기를 가슴속에만 담아 두었다.

이미 내가 시집을 갔을 때도 노인이었던 사진 속 시아버님의 모습을 이야기했다. 다섯 살에 아버지를 잃은 딸의 마음을 헤아리기조차 어렵다. 평생 전사한 줄로만 알았던 아버지, 유년 시절에는 애타게 찾으며 원망했고 젊은 시절을 지나며 잊으려 했다. 삶에 그리도 큰 공백을 심어 준 아버지를 바라보며 이미 늙어 버린 딸은 울음조차 없다. 말라 버린 가슴처럼 윤기 없는 손이 두 사진을 놓고 한참을 바라보며 말을 잇지 못한다.

“몇 년만 빨리 소식을 받았어도.”

돌아가신 어머님을 생각하며 어깨를 떠는 딸에게 무슨 위로를 할 것인가. 끝내 남편의 소식을 모르고 다른 세상으로 떠난 아내는 하늘나라에서라도 재회했을까. 북과 남이라는 건널 수 없는 경계의 양쪽에서 한 사람의 가족이 된 우리는 그렇게 서로를 마주 보았다.

그녀가 펼친 한 장의 사진을 보았다. 작은 나룻배에 서 있는 키가 훤칠한 와이셔츠 차림의 젊은 남자였다. 시선을 먼 곳에 두고 있는 헌앙한 모습은 처음 보는 사람처럼 낯설었다. 내게 아버님의 싱그러운 젊은 시절이 낯설 듯 상상도 못 해 본 노인을 마주한 자식들의 마음이 어렴풋이나마 그려진다.

젊은 날 시아버지의 사진은 나에게도 큰 충격을 불러왔다. 북쪽에서 보았던 구부정한 노인이 아니다. 곧게 펴진 허리를 본다. 아름다운 청춘과 이루지 못한 평안을 본다. 전쟁만 아니었다면. 이 젊음은 얼마나 오래 이어졌을까. 환한 표정으로 미래를 향해 남긴 한 장의 사진에서 한 사람의 삶이 웃고 있다.

아버님은 알았을까? 반세기가 훨씬 지난 뒤 이 사진이 삶을 증명할 유일한 증거가 될 것을…. 강요된 전쟁으로 헤어져 강요된 곳에서 한세상을 보내고 죽어서도 만나지 못한 숱한 영혼의 억울한 혼이 우리의 만남을 만들어 낸 것인가? 그 세대의 흔적은 남과 북 어딘가에 남아 지금도 그리운 사람들을 찾고 있을 것이다.

누가 그 흔적을 지울 수 있을까?

제6부

가족

가족

1. 엄마

누군가를 위해 자신을 깡그리 태워 본 사람은 안다. 헌신의 희열을 말이다. 두 딸이 있어 마음껏 사랑을 쏟을 수 있었다. 엄마여서 행복했다. 그 행복을 지키기 위하여 못할 일이 없었다. 곳곳에 집과 부모를 잃은 사람들이 넘쳤다. 그들의 모습을 보며 내 아이들의 하늘이 되어야 한다는 마음이 더욱 굳어졌다.

아이들은 온전히 나를 의지했다. 굳건한 그 믿음이 있어 절망의 시절이었지만 포기할 수 없었다. 내 안에는 아이들을 지킬 힘이 마르지 않는 샘처럼 솟아났다. 여자는 약해도 엄마는 강하다. 굶주림이 삶을 위협하자 절박함에 장사를 시작했다. 여러 시행착오를 거쳐 점차 담배 만드는 일에 익숙해졌다.

운이 좋았던지 일이 술술 풀렸다. 혼자 힘으로는 수요를 감당하기 어려워 사람을 고용했다. 그때부터 눈이 뜨이기 시작했다. 자본의 세상이 보였다. 아이들을 잘 키워야 한다는 본능이 보이지 않는 길을 찾고 불가능도 가능하게 했다. 굴곡진 삶의 여정이 지난한 현실의 외피를 벗겼다. 새로운 시선으로 미래 없는 세상을 직시하고 다른 세상을 상상하게 되었다.

다른 세상에서 아이들과 살아갈 꿈이 생겼다. 꿈은 점점 부풀어 올랐고 구체적인 형상으로 자리 잡았다. 꿈을 이루기 위해서는 희생을 감내해야 했다. 새로운 세상이라는 대의명분이, 내일이라는 희망이 아픔과 시련에 맞설 힘을 주었다. 아이들과 헤어져야 하는 괴로움이 기다리고 있었다.

그것은 나름 쌓아 올렸던 삶의 파괴로 시작되었다. 그게 미래를 위한 선택이라 생각했다. 아이들의 삶에도 고통이 따르리라 예상했지만, 마음의 상처까지 헤아리지 못했다. 그럴 여유가 없었다고 하는 게 맞을지도 모르겠다. 이별은 아이들에게 감당하기 힘든 재앙이었고 먼 훗날까지 끔찍한 악몽으로 남았다.

익숙했던 삶을 뒤로하고 새로운 세상의 문을 열었다. 낯선 세계에서 나는 이방인이었다. 가진 것이 몸 밖에 없었고 몸마저 삶의 수단이 되었다. 하지만 목표는 변함없이 새로운 세상에 가족이 모여 사는 것이었다. 심심산골 이역 땅에서 농민의 삶으로 부서지기에는 내 꿈과 아이들의 꿈이 생생히 살아 있었다.

다시 낯선 세계로 모험을 결심했다. 세상은 넓고 아득했다. 나는 한 마리의 연어가 되었다. 세상의 바다에 휘감겨 부서지지 않고 물결을 거슬러 안전한 터전을 찾아야 했다. 연어가 대양을 거슬러 강으로 오르듯 대륙을 가로질렀다. 노력은 배신하지 않아 몇 년 후 오매불망 바라던 꿈을 이루었다. 훌쩍 커진 아이들과 만났다.

아이들의 눈은 여전히 맑았지만, 더는 이전의 무조건적인 신뢰를 찾아볼 수 없었다. 꿈을 이루었을망정 나는 아이들의 믿음을 잃었다. 우리가 얻은 건 새로운 세상이지만 그것으로도 깨져 버린 믿음을 되돌릴 수 없었다. 미래가 아무리 눈부시더라도 현재의 고통을 넘어야 한다면 받아들이기 쉽지 않다. 하물며 어린아이들이었다. 그 상처가 쉽게 아물리는 없으리라.

다시 만났을 때 두 딸에게는 동생과 아빠라는 낯선 사람들이 있었다. 아이들이 기다리던 엄마의 모습이 아니었다. 남편과 아들 또한 두 딸이 낯설기는 마찬가지였음을 짐작한다. 그 사이에서 나는 어쩔 수 없는 운명이라고 애써 변명해 본다. 그러나 어떤 말도 지난 상처를 씻기는 부족하다는 걸 안다. 우리 가족이 새로운 세상에서 살기 위한 최선이었다고 할지라도 달라진 가족 환경은 서로에게 서먹하다.

좋은 엄마가 되려던 인생 목적 하나가 슬그머니 빛을 잃는다. 마지막 순간까지 자신을 산화하는 연어를 떠올린다. 연어의 모성은 어떤 것일까. 세상에서 가장 어렵고 도달하기 힘든 게 좋은 엄마라는 사실을 새삼 깨닫는다.

2. 엄마가 사라졌다(둘째 딸)

고향을 떠날 때 두 딸을 남겨 두었다. 맏딸에게는 떠나기 얼마 전 중국으로 떠날 결심을 이야기했다. 그러나 작은딸에게는 차마 입을 떼지 못했다. 너무 어려 엄마와의 이별을 감당할 수 없을 것 같아서다. 이별의 아픔과 기다림이 딸의 안전보다 중요하지 않다고 생각했다. 갑작스러운 헤어짐의 끝에 새로운 세상이 있다 해도 아이가 느겼을 배신과 비애를 덜 수 있었을까. 갑자기 세상을 잃은 어린 마음 속 혼돈을 들여다본다.

어느 날 엄마가 사라졌다. 아무리 기다려도 오지 않고, 눈물을 펑펑 쏟아도 목소리를 들을 수 없다. 세상이 캄캄해져 버렸다. 언니는 엄마가 중국으로 갔다고 했다. 왜? 나는 이해할 수 없다. 어떻게 이럴 수 있는지 아무리 생각해도 알 수 없다.

엄마가 밉다. 엄마는 나를 사랑하지 않았던 것인가. 나를 두고 말 한마디 없이 떠날 수 있다는 사실이 믿어지지 않는다. 외할머니와 외할아버지도 울부짖는 내 앞에서 한숨만 쉰다. 동네 사람들이 뒤에서 수군거린다. 그들의 말이 무엇인지 안다.

이제 학교에 가는 것도 싫다. 엄마가 있을 때는 학교에서 뭘 가져오라 해도 걱정이 없었다. 학급이 모두 산에 나무하러 갈 때 가지 않고도 당당했다. 매일 돈을 가져오라 해도 무섭지 않았다. 나에게는 엄마가 있었다. 그러나 이젠 그럴 수 없다.

선생님이 불렀다. 엄마가 어디 갔냐고 물었다. 나는 그만 그토록 어렵던 선생님 품에 얼굴을 묻고 엉엉 울고 말았다. 엄마가 없다는 사실은 매일 악몽을 꾸는 것과 같다. 꿈이라면 얼마나 좋을까.

언니는 엄마가 중국에 갈 걸 알고 있었다. 나와는 달리 첫날 엄마가 집에 오지 않자 아무 말도 하지 않고 당황하지도 않았다. 엄마는 나에게만 이야기하지 않았다. 언니는 엄마가 꼭 우리를 데리러 온다고 한다. 그러나 마음이 불안하다. 엄마가 언니만 몰래 데려가고 나는 할머니와 함께 살라고 하면 어떻게 할까? 왜 내게 말하지 않았는지 끝까지 엄마가 밉다.

오늘 우리 반 친구가 집 옆 공장의 높은 굴뚝에서 떨어졌다. 너무 높아서 구름 위에 있는 굴뚝이다. 떨어지자마자 죽었다. 그 애의 엄마도 중국에 갔다. 너무 보고 싶어 굴뚝에 올라갔다고 한다. 혹시 높은 데서 보면 엄마가 있는 곳이 보일지 모른다고 생각했던 모양이다.

그 애의 슬픈 눈이 생각난다. 내 눈도 그 애와 같을까? 나도 엄마가 보고 싶다. 함께 살던 때가 그립다. 엄마는 나를 꼭 데리러 올 거라 믿는다. 그러나 언제인지 모른다. 다시 만나면 왜 그랬는지 몇 번이고 묻고 싶다.

어느 날 엄마에게서 연락이 왔다. 우리는 두만강 근처에서 온종일 숨어 기다렸다. 이제 엄마를 만난다는 생각에 아무것도 근심하지 않았다. 언니는 두려움 때문인지 얼굴색마저 죽어 있다. 나는 무섭지 않다. 일이 잘못되어 잡혀가더라도 엄마가 너무 보고 싶어 강변에 나왔다고 하면 된다. 그냥 울고 그 말만 할 거다. 너무 가슴이 뛰어 다른 것은 생각할 수조차 없다.

드디어 우리는 강을 건넜고 엄마와 만났다. 사 년 만에 본 엄마는 이전보다 늙었다. 엄마를 안고 울고 싶었다. 그렇게 보고 싶었는데 선뜻 울음이 나오지 않았다. 내가 자란 걸까? 엄마에게선 익숙했던 냄새가 아닌 다른 냄새가 난다. 엄마에게는 내가 모르는 남자, 아니 남편이 있다. 그리고 내게는 남동생도 있다고 한다. 내 감정을 어떻게 표현해야 할지 모르겠다. 이제 엄마는 나보다 동생을 더 사랑하는 건 아닐지 불안한 마음을 숨길 수 없다.

3. 엄마의 약속(첫째 딸)

맏딸은 작은 수첩을 가지고 두만강을 건넜다. 그건 일기장이었다. 중국의 다른 국경으로 나아가며 딸은 수첩을 나에게 맡겼다. 지금도 나는 그 수첩을 소중히 간직하고 있다. 그 안에는 자신에게 절망을 안겨 준 엄마에 대한 간절한 그리움과 고통, 그리고 세상에 대한 억울함이 담겨 있다. 일기에는 다음과 같은 내용이 있었다.

나는 요즘 이 학교(제1고등학교)에 다니지 않았으면 좋았을 거라는 생각을 자주 한다. 일반 학교에 다니면 잘난 우리 반 애들을 만나지 않았을 테니 말이다. 다들 권세 있는 아버지 어머니를 둔 애들이다. 누구의 아버지는 시 당에, 보위부에 그리고 세관장이라 한다. 반장은 엄마가 우리 학교 교장 선생님이다. 이곳이 공부뿐 아니라 배경과 돈의 힘이 작용한다는 걸 알고 있었지만, 엄마가 없으니 갑절로 소외감이 든다.

엄마가 있을 때 몰랐던 사실이 이제 훤히 보인다. 담임 선생님이 찾아와 재능이 아깝고 희망을 포기하지 말아야 한다고 했다. 학교에서 나는 마치 어느 동화에 나오는 못난 오리가 된 것 같다. 백조의 무리 속에 있어 슬픈 오리, 오리는 왜 백조의 무리에서 살아야 할까.

학교에서 날마다 돈을 내라거나 물건을 사 오라고 다그칠 때면 두렵다. 사정을 알면서 얄밉게 꼬집는 선생님이 야속하고 애들의 무관심한 눈길을 받기도 싫다. 참고 서적이나 교과서도 사야 하는데 먹고 사는 일도 힘든 할아버지와 할머니에게 그럴 능력이 있을 리 없다. 자주 결석하니 성적도 떨어진다. 공부에 집중이 안 된다. 대학 추천을 받아도 돈이 없으면 공부를 계속할 수 없으니 차라리 학교에 다니지 말까 하는 생각이 하루에도 몇 번씩 든다.

엄마는 이런 사정을 알고 계실지 궁금하다. 떠나기 전 어떤 일이 있어도 학교에 다니라고 당부했다. 그러겠다고 약속했고 지키려고 한다. 엄마의 바람처럼 학교에 계속 다니고 싶다. 그날의 약속이 밧줄처럼 나를 얽어맨다. 하지만, 버티기 힘들다.

생일날 친구들이 돈을 모아 음식을 사 오고 나를 기쁘게 해 주려 노래도 부르고 춤도 췄다. 엄마가 있을 땐 은근히 기다리기도 한 생일이다. 친구들과 함께 웃었지만, 속으로는 눈물이 쏟아졌다. 어쩌다 이렇게 되었을까. 아빠도 엄마도 없다는 사실이 믿어지지 않는다.

동생은 학교에 가지 않는다. 남의 집에서 일하고 돈을 받는다. 오늘도 학교에 내야 할 돈이 없다. 동생에게 구원을 청해야 하나? 차마 그럴 수 없다. 이런 처지가 싫다. 아침 일찍 학교에 가면 밤늦게 오는데 할아버지는 새벽부터 일어나 텃밭에 물을 주자고 한다. 자리에 누우며 밤이 길기를 바란다. 아침이 오는 것도 싫고, 할아버지의 부름도 싫다.

나에게 무슨 희망이 있을까. 친구들은 모두 자기가 원하는 대학에 간다. 나는 대학은 고사하고 입에 풀칠을 근심해야 한다. 그런데 왜 공부를 해야 하는지 모르겠다. 학교에 계속 다니라는 엄마를 이해하기 힘들다. 엄마가 떠난 지 3년이 넘었다.

가끔 중국에서 엄마의 전화가 온다. 그럴 때면 지금 우리 사정을 모두 말하고 싶다. 그러나 참는다. 건강하게 잘 있다고 태연하게 말한다. 언제 오느냐고, 만날 수 있냐고 묻고 싶지만, 그것도 참는다.

동생은 오늘 엄마와 통화하면서 울었다. 엄마가 왜 우냐고 물으니 자기와 전화를 안 할까 봐 울었다고 한다. 동생은 아직 철이 없다. 그러나 나는 우는 동생이 부럽다. 나도 울고 싶다. 나에게는 길이 보이지 않는다. 유일한 희망은 엄마다.

할머니가 돌아가시고 두 달이 지날 무렵 연락이 왔다. 국경 너머에서 엄마가 기다린다고 한다. 첫날은 마중 나온 사람과 장소가 엇갈렸다. 다음날도 만나지 못하면 그냥 강을 건너야겠다고 마음먹었다. 중국 쪽이 어떤지, 무엇이 기다릴지 알 수 없다. 하지만 마지막 순간 뜻밖의 일이 생겨 엄마를 만나지 못하는 것보다 나을 거라 생각한다.

드디어 어두운 저편에서 불빛이 깜박깜박 신호를 보내왔다. 어떻게 강을 건넜는지 기억나지 않는다. 약속된 일이지만, 두려움과 불안을 떨칠 순 없었다. 물살에 밀려 신발 한 짝이 벗겨졌다. 강을 건너기 몇 시간 전, 우리를 감춰 준 아주머니와 신발을 바꿔 신었다. 고마움을 그렇게라도 표시하고 싶었다.

강만 건너면 엄마가 기다리니 신발 같은 건 문제도 아니었다. 물살에 떠밀리며 강둑에 도착하자 오히려 불편해서 한 짝마저 버렸다. 옷은 미리 준비되어 있었지만 공교롭게도 신발만 없었다. 그래서 맨발로 산을 넘어야 했다. 가시가 찌르고 돌에 부딪혀 피가 났지만 아픈 줄 몰랐다. 어두워 다행이라는 생각만 했을 뿐, 산을 넘어 목적지에 도착할 때까지 가슴이 떨렸다. 그렇게 우리는 엄마와 만났다. 그리고 함께 중국을 가로질렀고 또 한국으로 왔다. 이제 우리는 엄마와 함께 산다.

언제나 나를 울리는 딸의 일기 몇 토막이다.

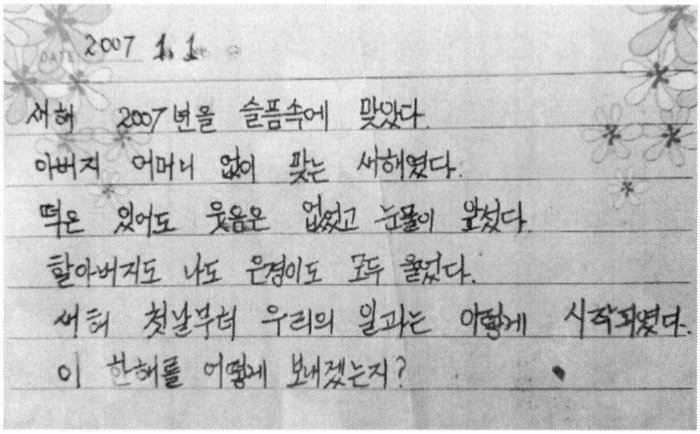
2007. 1. 1.

새해 2007년을 슬픔속에 맞았다.
아버지 어머니 없이 맞는 새해였다.
떡은 있어도 웃음은 없었고 눈물이 앞섰다.
할아버지도 나도 은경이도 모두 울었다.
새해 첫날부터 우리의 일과는 이렇게 시작되였다.
이 한해를 어떻게 보내겠는지?

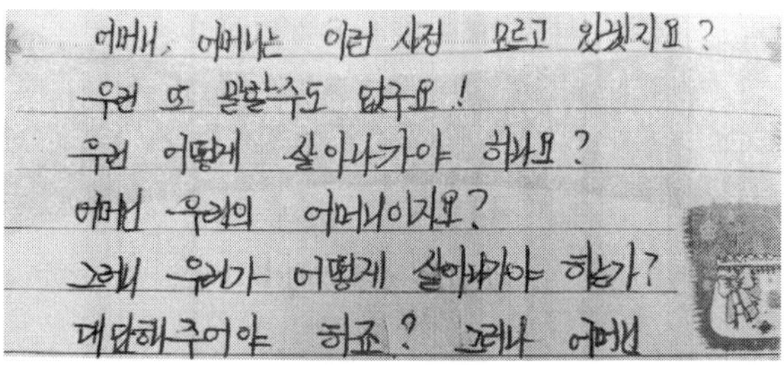
어머니, 어머니는 이런 사정 모르고 있겠지요?
우린 또 말할수도 없구요!
우린 어떻게 살아나가야 하나요?
어머닌 우리의 어머니이지요?
그러니 우리가 어떻게 살아나가야 하는가?
대답해주어야 하죠? 그러나 어머닌

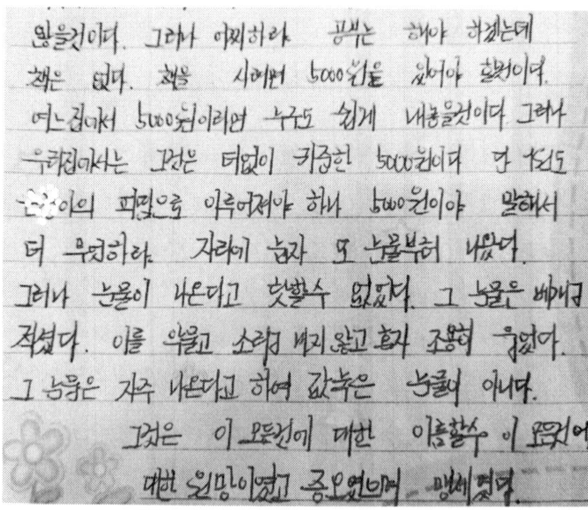
못할것이다. 그러나 어찌하랴. 공부는 해야 하겠는데
책은 없다. 책을 사려면 5000원을 있어야 할것이다.
여느집에서 5000원이라면 누구도 쉽게 내놓을것이다. 그러나
우리집에서는 그것은 더없이 귀중한 5000원이다. 단 1원도
[illegible]이의 피땀으로 이루어져야 하니 5000원이야 말해서
더 무엇하랴. 자리에 눕자 또 눈물부터 나왔다.
그러나 눈물이 나온다고 탓할수 없었다. 그 눈물은 베개를
적셨다. 이를 악물고 소리를 내지 않고 혼자 조용히 울었다.
그 눈물은 자주 나온다고 하여 값눅은 눈물이 아니다.
그것은 이 모든것에 대한 이름할수 이 모든것에
대한 원망이였고 증오였으며 맹세였다.

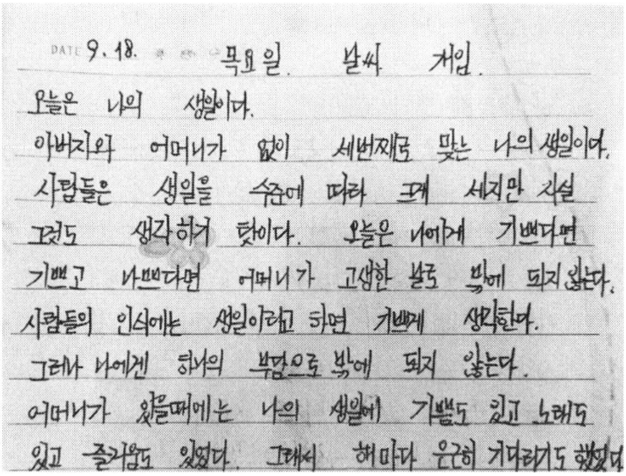

DATE 9. 18. 목요일. 날씨 개임.

오늘은 나의 생일이다.
아버지와 어머니가 없이 세번재로 맞는 나의 생일이다.
사람들은 생일을 수준에 따라 크게 세지만 사실
그것도 생각하기 탓이다. 오늘은 나에게 기쁘다면
기쁘고 나쁘다면 어머니가 고생한 날로 밖에 되지 않는다.
사람들의 인식에는 생일이라고 하면 기쁘게 생각한다.
그러나 나에겐 하나의 부담으로 밖에 되지 않는다.
어머니가 있을때에는 나의 생일에 기쁨도 있고 노래도
있고 즐거움도 있었다. 그래서 해마다 은근히 기다리기도 했었다

4. 함께 산다는 것

만남은 우리의 꿈이었다. 만남 이후의 삶을 그려 보지 못했다. 함께 산다는 것 이상의 의미는 꿈 너머에 있었다. 만남이 너무나 간절했기에 한 번만이라도 함께 밥을 먹을 수 있다면 더 소원하지 않으리라 생각했다. 그 소원이 이루어졌다. 그런데, 정작 행복하지만은 않다. 아이들은 훌쩍 커 버렸고 작은 일에도 상처를 받는다.

날마다 일상에 쫓기며 현재를 산다. 아이들의 마음을 다독이고 헤아리는 일에 무심했다. 우리의 만남이 지난 시간을 보상하고 상처를 치유하리라 믿었다. 가끔 아이들과의 언쟁에서, 쓸쓸한 표정에서 지난날의 상처를 발견하면 나는 한없이 무너진다. 상처는 감추어져 있을 뿐 치유되지 않았음을 느낀다. 어떻게 해야 어두운 그림자를 흔적 없이 지울 수 있을까?

오늘의 삶에 잉태된 나의 눈물이, 건너온 고난으로 단단해졌던 강단이 아이들의 원망과 절규 앞에 물먹은 담처럼 허물어져 내린다. 사랑해서 떠나야 했고 사랑해서 미워한다. 미래와 새 세상은 아이를 설득하기에 너무 부족한 말이다. 지키기 위해서 놓아야 했고 만나기 위해서 헤어져야 했던 시간을 돌아보며 의심한다.

많은 시간이 흐른 후 가만히 돌아본다. 만남은 꿈의 실현이었지만 함께 하는 첫 시작이기도 했다. 가족이어서, 가족이기 때문에 서로의 상처를 건드리기 겁났다. 곪은 상처는 빨리 수술해야 하지만 시간이라는 약에 기댔다. 미숙했던 자신을 탓해 보지만 지난날을 되돌릴 수는 없다.

애벌레는 기둥을 오르지 않아도 나비가 되어 날 수 있는데, 목표라는 먼 곳을 바라보며 행복을 미래에서 찾았다. 내일을 위해 오늘을 희생해야 한다고 믿었다. 아이들과의 하루하루가 다시는 돌아올 수 없음을, 새로운 날들에 지난 시간은 영원히 묻혀 버린다는 걸 잊고 살았다.

인생은 한 번이다. 자식으로 살아가는 삶도 부모가 되어 가는 시간도 흘러가며 순리대로 다가온다. 그 앞에서 휘청거리고 주춤하기도 하지만 세월과 함께 앞으로 간다. 나와 아이들도 아픔과 시련을 겪으며 나이를 먹어 간다. 나의 매 선택은 최선이었을까?

물은 흐를 뿐 돌아오지 않는다. 모여서 밀려나기도, 소용돌이를 일으키기도 하며 앞으로 나아간다. 굽이치기도, 때로 폭포에서 떨어져 부서지기도 하지만 다시 모여 앞으로 간다. 흐르고 흘러 평화의 바다를 향해 간다.

그날

이미 간단한 짐도 챙기고 수없이 마음의 준비도 했다. 혹시 모를 미래에 대비해 며칠 전 시어머니와 남편 몰래 아들과 사진도 찍었다. 사진 뒤에 떠날 수밖에 없는 마음을 적었다. 번 훗날 아들이 글을 읽는다면 엄마를 조금이나마 이해할 수 있을지 알 수 없지만, 피를 토하듯 적은 글이었다. 아마 중국 사람으로 산다면 글을 읽을 수 없을지도 모른다.

하지만 모성의 힘은 어느 곳에서든 작용하리라 믿었다. 운명의 장난으로 영영 헤어져도 엄마의 얼굴을 기억하게 해 주고 싶었다. 남편에게 한국으로 떠날 계획을 이야기했지만, 설득에 실패했다. 시어머니에겐 말도 꺼내지 못했다. 그들은 젖먹이 아들을 두고 차마 떠나리라 예상하지 못했다.

순박한 시골 사람들은 불법으로 몇 개의 국경을 넘는 길을 믿지 않았다. 그러한 모험보다는 중국에 남길 바랐다. 그들의 바람대로 살기엔 북쪽에 두고 온 아이들의 애처로운 울음이 가슴에 소용돌이쳤다.

하늘이 유난히 높던 10월의 어느 가을날 아침, 전화를 받았다. 한국에서 친구가 보내온 전화다. 다음날 도시의 어느 지점에서 브로커와 만나라는 연락이다. 서늘한 바람이 불어 말라가는 옥수수 대를 흔들었다. 바람은 마당 앞에서 휘익, 먼지를 말아 올리는데 피할 생각도 못 하고 망연자실했다.

오늘 떠나지 못하면 영영 용기를 내지 못할 것 같은 불안과 두려움이 엄습했다. 정신을 똑바로 차릴 수 없어 허둥거렸다. 떠나려고 마음을 다지기까지, 그리고 그날이 오기까지 가슴을 졸이며 살아온 날들이다. 그러나 정작 선택의 기로에 서자 온몸이 돌처럼 굳어 버렸다.

아이를 출산하기 전 한국에 정착한 고향 친구와 연락이 닿았다. 기쁘기도 했지만, 불안과 동요가 뒤따랐다. 산고의 고통에도 아이를 받아 안은 순간에도 마음이 가볍지 않았다. 또 한 번 감당해야 할 이별의 예감했기 때문이다. 중국의 농촌 아낙네로 살았지만, 매 순간 한국으로의 길을 모색했다.

언젠가는 떠날 작정이었다. 그 길에 피난처로 생각했던 이 시골집에서 계획도 없이 엄마가 되었다. 시어머니는 고향에서 두 딸을 데려오라고 한다. 어떻게 하면 되느냐, 돈은 얼마나 드냐고 세세히 물어본다. 그러나 새로운 세상이라는 꿈, 나의 꿈만이 아닌 아이들의 미래까지 이 시골에 묻을 수는 없었다. 그렇게 버텨 온 날들이었다.

수없이 상상했고 고대했던 시간이 드디어 왔다. 딸들을 위해 지금 떠나지 않으면 안 된다고 확신했다. 그것이 이들에게 배신이고, 나에게도 아픔과 상실의 고통이 되겠지만 이기고 넘어야 했다. 북한 사람으로 태어났기에 감내해야 할 운명이라고 애써 마음을 다잡았다.

남편은 아침 일찍 일하러 갔고 시어머니는 돌을 줍기 위해 강변에 갔다. 이제 시어머니의 의심을 사지 않고 집을 나가는 일만 남았다. 아들을 10살 난 조카에게 맡기고 시어머니를 찾아 마을 옆 강변으로 갔다.

강변에는 동글동글한 작은 돌들이 많았는데 그중에서 적당한 크기의 돌을 줍는 작업이다. 농촌에서 돈이 될 만한 일은 흔치 않다. 돼지를 키우며 가끔 약초를 채집하거나 대추 열매를 뜯는 일이 시어머니의 부업이다. 돌을 줍는 것도 거기에 속했다. 어머니의 일손을 도우며 오후엔 친구를 배웅하겠다는 이야기를 꺼냈다.

집 쪽에서 조카가 울상이 되어 달려오며 손을 흔들었다. 아들이 잠에서 깨 계속 울어 보챈단다. 서둘러 집으로 달려가 아들을 안았다. 두 팔을 버둥거리며 기를 쓰고 울던 아기가 엄마를 알아보고 울음을 뚝 그친다. 여느 때와 다름없이 가슴으로 파고들고 발길질을 한다.

생후 7개월이 된 아들은 분유를 먹지 않았다. 얼마 지나지 않아 좋은 꿈을 꾸는 듯 방시레 웃으며 쌔근쌔근 고른 숨소리를 냈다. 그때쯤 시어머니도 강변에서 돌아왔다. 애써 평정심을 가다듬는다. 세수 물을 떠놓고 얼굴을 씻는데 손이 떨렸다. 울음을 감추려 연이어 물을 끼얹으며 소리 없이 오열했다. 아들이 가엾다. 이 아이의 운명은 어찌 될 것인가. 운명이 엇갈리는 기막힌 시간이었다.

앞에는 괴롭고 끝을 알 수 없는 길이 기다리고 있다. 그래도 떠나야 했다. 친구만 한국 길로 떠나는 줄 아는 시어머니가 작지만 보태라며 돈을 건넸다. 친구는 난처한 듯 시어머니의 성의를 애써 사양

했다. 그의 눈에 눈물이 맺혔다.

대문 밖으로 따라서며 빨리 다녀오라 당부하는 시어머니를 차마 마주 볼 수 없었다. 허둥지둥 발 닿는 줄 모르고 걸음을 옮겼다. 가슴에 재를 뿌린 듯 싸한 고통이 목까지 올라왔다. 발은 기계적으로 앞으로 나아갔다. 눈앞이 희끄무레하게 변했다. 그날 알았다. 눈을 떠도 앞이 보이지 않는다는 말을….

아이에게도 가족으로 받아 준 시어머니와 남편에게도 나는 죄인이었다. 엄마가 세상 전부인 아들, 자기 세상을 잃게 될 아들을 생각하면 가슴이 무너져 내렸다. 시골길을 터덜터덜 달려가는 오토바이 엔진 소리가 지진처럼 몸을 관통한다. 부서져 멀어지는 소리와 함께 마음도 바스라졌다. 함께 떠난 친구가 아니었다면 되돌아섰을지도 모르겠다.

지금도 그날, 그 순간들을 돌아보면 가슴이 방망이질 친다. 결단의 순간을 넘어온 스스로가 대견하다. 그날의 애환 속에서 나를 지탱해 준 힘은 앞날에 대한 희망이었다. 그때도 지금도 이별은 평생 아물지 않을 상처지만 새로운 세상을 향해 넘어야 할 커다란 벽이었다고 생각한다.

아들

1

아들은 생각지 못한 곳에서 선물처럼 왔다. 삶이 가장 어려웠을 때 그리고 외로움과 불안으로 허덕일 때 내 몸에 생명의 씨앗으로 왔다. 내가 왜 여기서 살고 있는지, 지금이 과연 살아갈 의미가 있는지 날마다 의심하고 삶에 회의를 느꼈다.

오늘까지만 이달까지만 여기서 살아야 하지 않을까. 당장 세상의 다른 곳을 향해 떠나야 하지 않을까. 고심하고 방황하며 보낸 괴로운 날들이었다. 건강한 아들의 출산은 큰 기쁨이었지만 한편 마음의 짐이었다.

중국의 시한부 삶은 나에게 두 가지 선택을 강요했다. 아들과 남편이 있는 곳에 닻을 내릴 것인가. 아니면 두 딸을 위해 지금 떠날 것인가. 결국, 그건 날 필요로 하는 가족 중 한쪽을 선택하는 일이었다. 지키고 싶은 소중한 사람들의 마음을 난도질해야 하는 상황이 한없이 비참하고 억울했다.

내게서 생명을 얻은 죄밖에 없는 아이들에게 큰 고통을 줘야 하는 현실을 받아들이기 힘들다. 바라는 건 굶어 죽을 걱정 없는 세상에서 아이들과 평범하게 사는 것이다. 소중히 아껴 주는 남편과 함께라면 더 바랄 것이 없다.

그런데 이런 소망이 꿈이고 욕심일까. 아니다. 수십억 인구가 그렇게 살아간다. 다른 게 있다면 이들과 다른 나라에서 태어난 것이다. 내가 태어난 나라가 잘못된 신념을 가지고 백성의 삶을 외면하고 그래서 갈수록 궁핍하고 가난해져 생존권을 위협하기 때문이다.

엄마로 산다는 건 아이들을 굶주리지 않게 키우는 것이다. 그것을 위하여 기꺼이 무엇도 감내할 준비가 되어 있다. 그러한 아낌없는 헌신이 아이러니하게 지금 나의 반쪽을 위하여 다른 반쪽을 잘라 내야 하는 선택을 강요했다. 내 가족이 하나가 될 수 없는 것일까? 날마다 이 물음 앞에 혼자 묻고 답했다.

그 시간이 길어질수록 북한에서 기다리는 아이들에게 이별의 고통이 커 간다. 지금 결단을 내려야 한다. 빠르면 빠를수록 좋다. 어차피 반쪽 중 하나를 놓아야 하는 숙명이라면 적어도 생명의 위험이 없는 쪽을 놓아야 한다고 생각했다.

아들을 내려놓는 건, 불법으로 국경을 넘어야 하는 나에게서 아이의 삶을 지키는 길이다. 남편에게 자식을 지킬 기회를 주는 것이기도 했다. 최악의 경우 아들은 엄마를 잃더라도 사랑해 주고 아껴 주며 책임져 줄 아빠와 함께 한다. 결국, 혼자 한국행을 결정했다.

7개월이 지난 아들은 한창 살이 토실토실했고 뒤뚱거리며 '마마' 부르고 나를 쫓아 방 안을 기었다. 유독 나만 따라다니며 '마마'를 불렀는데 그럴 때마다 이별을 준비하는 마음이 찢어졌다. 잠든 아들을 눕혀 두고 집을 나섰다. 여권도 신분증도 없이 떠난 길이다. 밀입국자들의 통로로 국경을 몇 개나 넘어야 하지만 안내자에 대한 파악도 없이 한국에 간다는 말에 따라나섰다.

절박함이 앞도 뒤도 가리지 않게 했다. 한국에 가면 새로운 터전에서 아이들을 데려오고 또 아들에게 엄마 구실을 하리라. 그 다짐이 잠든 아이를 내려놓고 걸음을 뗄 수 있게 했다. 희망이 없다면 어찌 젖먹이 자식을 품에서 떼어 놓을 수 있었을까. 앞가슴을 더듬던 고사리 같은 손길이 느껴지고 시간 맞춰 차오르는 모유 때문에 길을 떠나 사흘을 내리 앓았다. 젖몸살에 떨며 낯선 도시의 허름한 집에서 밤을 보낼 때 더운물을 끓여 주고 땀을 닦아 주던 손길을 지금도 잊지 못한다.

기차로 일주일, 그다음엔 산을 넘었고 드넓은 황색의 큰 강을 건넜다. 중국 대륙의 한쪽 끝에서 또 다른 끝으로의 쉼 없는 길이었다. 다시 또 몇 개의 국경을 넘었다. 모든 곳에 밀입국했고 결국에는 이민 수용소를 찾아갔다. 이곳에서 몇 달이 지나면 한국행 비행기를 탈 수 있기 때문이다. 한국으로 가는 지정 정류소인 셈이었다.

2

떠날 때는 서늘한 가을이었지만, 그곳은 찌는 듯 무더웠다. 몇 평인지 알 수 없는 큰 방에 기둥들이 줄 맞춰 섰다. 그 위에 매달린 선풍기는 윙윙 소리를 내며 텁텁한 바람을 쏟아 냈다. 200여 명의 여성과 아이들이 그 방에서 지냈다. 한 사람의 자리는 바닥에 깔린 블록 한 장만큼의 너비와 엇갈려 두 줄로 누워 다리를 펼 수 있을 만큼이다.

낮이면 모두 일어나 앉아야 통로가 생겼고, 밤이면 다리를 마주하고 누웠다. 한밤중 화장실로 가는 사람들은 조심스레 움직여야 했다. 밤에도 수수떡 같은 전등이 여기저기 있어 얼마나 다행인가? 아니면 잠자는 사람을 밟아 아수라장이 되었을 것이다.

새로 들어오는 사람들은 화장실로 가는 통로에 자리 잡았다. 며칠을 그렇게 지내면 나무에 못이 들어가듯 어딘가에 박힌다. 한 달에 한 번 한국으로 떠났다. 반대로 들어오는 사람들은 정해진 기준이 없다.

아이를 업고 온 엄마들도 있었다. 그들을 볼 때마다 아들이 못 견디게 보고 싶었지만, 또한 함께 오지 않은 것에 안도했다. 아들의 목숨을 걸고 모험을 하고 싶지 않았다. 가늠할 수 없는 미래에 아들을 승차시킬 엄두도 나지 않았다. 비록 엄마가 없더라도 아빠와 할머니의 사랑이 있는 한 최소한의 의식주를 걱정하는 일은 없을 거라는 믿음도 있었다.

두 달여 동안 날마다 조마조마했다. 예상치 못한 사건이 터져 바로 앞에서 한국 입국이 막히지 않을까 하는 조바심이다. 결승선을 앞둔 선수의 타는 마음이 이럴까. 노심초사하며 지은 농산물의 수확을 기대하는 농부의 마음이 이럴까. 오늘 저녁 떠나는 일행에 내 이름이 불리기까지 불안과 초조감에 시달렸다.

한 걸음만 나아가면 지난 몇 년간의 소망이 현실이 되는 순간이었다. 발돋움하고 구원의 밧줄에 매어 달렸다. 꿈꾸던 삶을 약속할 희망의 터전과 가족의 만남이라는 소원이 실체를 가지고 손에 닿을 듯 가까워졌다.

드디어 한국행 비행기에 올랐다. 그토록 염원하던 땅에 발을 디뎠다. 영원히 이루지 못할 꿈으로 끝날 수도 있었지만, 기회는 와 주었다. 아메리카 대륙이 유럽인의 희망이었던 것처럼 나의 대한민국 입국은 우리 가족의 희망이었고 그것은 새로운 가능성을 열어 주었다. 무엇보다 값진 인생에 커다란 변곡점이었다.

기관에서의 하루하루는 더디게 흘렀다. 바깥세상을 향한 기대와 아이들과 만날 날이 머지않았다는 고양감에 들뜬 나날이었다. 토요일이면 공중전화기 앞에 긴 줄이 이어졌다. 북쪽에서 기다리는 아이들에게 제일 먼저 소식을 전하고 싶었다. 이제 만남이 멀지 않았다고 한 마디 한 마디 또박또박 외치고 싶었다. 남편에게 전화했다. 아들에게 엄마 구실을 할 수 있다는 안도감에 숨이 트였다.

두 번의 이별로 가슴에 쌓인 돌덩이 같은 죄책감이 한결 가벼워졌다. 이제 바라던 땅에 닻을 내렸으니 새로운 만남을 준비했다. 일과가 끝난 저녁이면 팔베개를 하고 누워 생각한다. 어떻게 북한에서 아이들을 탈출시킬지, 어떤 길로 중국을 가로지를지, 많은 사람의 경험이 도움이 되었다. 계획을 세우고 부닥칠 상황들을 예상하고 돈이 얼마나 필요할지 가늠했다.

한국에서 삶을 시작한 지 1년이 되어 갈 무렵, 아들과 딸들을 만나기 위해 길을 떠났다. 중국 시골집 대문을 밟았다. 엎치기밖에 할 줄 몰랐던 아들은 짜개바지를 입고 한 손에 막대를 쥐고 대문 앞에서 놀고 있었다. 빡빡 깎은 머리에 피부도 까뭇하고 아빠를 닮은 눈초리는 여전히 길게 찢어져 올라갔다. 포동포동하고 하얗던 모습은 까무잡잡한 얼굴과 평균치의 몸집으로 달라져 있었다.

같은 성을 쓰는 사람들이 모여 사는 고즈넉한 시골 동네에서 아들의 불행은 이야깃거리였다. 아이가 받을 상처나 충격 따윈 아랑곳하지 않는다. 아니, 그전에 피도 눈물도 없는 북한 엄마에 대한 비난이 투영되어 있는지 모른다.

동네에서 입 가진 사람은 아들의 머리를 쓰다듬거나 안아 주며 동정인지 호기심인지 한 마디씩 던진다. "니 마마 폴라." 그건 "니 엄마는 달아났어."라는 뜻이다. 아들은 엄마를 몰랐다. 엄마는 없는 사람이었다. 가족은 아빠와 할머니가 전부다. 할머니가 "너희 엄마야." 하고 말했지만 '워 마 폴라'를 중얼거리며 거들떠보지 않았다.

나는 덜덜 떨리는 손을 애써 감추며 아이를 안았다. 그렇게도 많은 눈물의 근원이었던 아들은 엄마의 마음을 아는지 모르는지 잠깐 안겼다가 낯선 손길을 뿌리쳤다. 며칠 동안 곁에 오지 않았고 묻는 말에 대꾸도 잘 하지 않았다. 그래도 구김살 없고 명랑했다. 아직은 한두 마디밖에 못 했지만, 말투도 당당했다.

'그래 이 정도면 되었다.' 일주일 후 다시 길을 떠났다. 북쪽 땅과 잇닿아 있는 국경이 목적지다. 우리가 함께 살아가기까지 아직도 장담할 수 없는 길이 앞에 있었다. 이제 또 헤어질 아들에게 엄마를 각인시키는 것이 두려웠다. 만약 계획이 실패한다면 아들을 안지 못할 수도 있다. 아들은 어쩌면 지금처럼 엄마를 모르고 사는 것이 더 행복할지도 모르겠다는 생각이 스친다. 길을 떠날 때의 생각이 그랬다.

3

늦둥이 아들이 나에게 재롱둥이다. 두 딸은 바쁘고 엄마와 통하지 않는다는 말을 하는 데 주저함이 없다. 아들은 그림자처럼 곁을 맴돌며 엄마를 사랑한다고 말해 준다. 어느 날은 아침저녁 어린이집에 오가며 지친 내가 물었다.

"우리 ○○이 언제 클까? 혼자 학교도 다니고?"

"난 크지 않을 거야, 나이를 먹지 않았으면 좋겠어."

"왜?"

"내가 나이를 먹으면 엄마가 할머니가 되니까." 그 말이 찡하게 울림을 준다.

"그래도 엄마는 ○○이가 빨리 컸으면 좋겠다." 하고 말해 주며 아이를 꼭 안았다.

그런데 세월은 왜 이리도 빠를까? 크고 싶지 않다던 아이의 말이 무색하게 지금은 나보다 머리 하나가 더 자라 “엄마는 왜 점점 작아질까.” 하고 묻는다. 초등학교에 들어간 날이 엊그제 같은데 곧 중학생이 되더니 벌써 이 학년생이다. 하루하루 지나는 시간이 한 시절, 한 학기가 되고 일 년이란 공간을 채운다. 또 얼마 후면 고등학교에 진학할 것이다.

보이지 않는 시간은 나를 누르고 아이를 자라게 하는 신비한 힘을 가지고 있다. 나만 찾던 녀석이 이제는 내가 없어도 별 반응이 없다. 배고프면 혼자서 냉장고를 뒤진다. 때로는 제법 요리도 한다.

요즘은 집에 들어오기 바쁘게 자기 방으로 들어가 문을 걸어 잠근다. 가끔 문을 두드리면 이맛살을 찌푸리거나 시간을 끈다. 이제 나는 잔소리꾼이 되었다. 그런 아들이 날 찾을 때가 있다. 매달 초 용돈 받는 날이다. 비가 오면 우산이 없다고 전화한다. 나는 이제 ‘열려라, 뚝딱’ 하면 필요한 게 나오는 요술 램프다.

늘 해 오던 거라 올해도 독서 모임을 소개했다. 작년까지 두말없이 응하던 녀석이 말한다. “엄마는 왜 묻지도 않고 내 일을 결정해?” 그 순간 아차 싶었다. 아들은 어느새 훌쩍 자라 있었다. 녀석의 뒷모습을 바라보는 일은 더 많아졌다. 하지만 넓어진 등을 보며 안도한다. 중국의 시골집이 아련한 추억으로 남은 걸 실감하는 순간이다. 내 곁에는 아들이 있고 한때 간절했던 소망은 이루어졌다.

창사행 열차

갓 태어난 너를 가슴에 안았던 때가 어제인 듯 눈에 선한데 30년의 세월이 가 버렸구나. 너는 나에게 엄마가 되는 첫 기쁨과 아이를 키우는 경이로움을 주었어. 삶의 보람과 긍지에는 네가 함께했단다.

너의 엉뚱한 말에 한 방울의 물에 비낀 우주를 보았어. 내가 살아가는, 아니 살아 내야 하는 삶의 의미를 생각하기도 했지. 북한을 탈출하여 다른 세상을 보겠다고 결심하기까지 네가 주는 여운이 컸다는 걸 부인할 수가 없구나. 네가 아니었다면 지금도 그 세상에서 잘못된 희망과 착각에 갇혀 살고 있을지도 모르겠어.

학교에서 돌아오는 너를 마중 가던 밤이 생각난다. 선생님이 제안한 과외를 시작한 초등학교 3학년부터 중학교 3학년까지, 5년이란 시간엔 우리만의 이야기들이 빛나고 있구나. 긴 것 같기도 짧은 것 같기도 한 날들, 너를 마중 가던 그 밤이 그립다.

하늘에는 별이 총총하고 땅에는 긴 어둠이 웅크리고 있던 여름날, 강변길을 걸으며 무서움을 쫓기 위해 크게 소리쳐 이름을 불렀어, 목소리는 메아리가 되어 멀리까지 날아갔지. 가만히 귀 기울이면 '엄마' 하는 부름이 들려오고, 타박타박 발걸음 소리와 함께 네가 나타났지. 손목 잡고 조잘조잘 이야기를 풀어가며 우리는 돌아왔어. 하루가 길든지 짧든지 너를 마중 갈 땐 발걸음이 가볍고 온갖 시름을 잊었구나.

네 앞날에 대한 기대로 즐거운 마음이 가득했고 엄마의 세상은 충만해졌어. 그 시간은 희망 없는 긴 터널을 지나던 시절, 나의 유일한 탈출구가 아니었나 싶어. 너로 인해 고비의 순간들을 잘 헤쳐 올 수 있었으니 감사한 일이구나.

그동안 건강하게 자라 주고 열심히 노력해 주어 고마워. 맏이라고 엄마에게 부담 주지 않고 동생들 챙기려고 애쓴 너는 든든한 기둥이야. 어릴 때도 남달리 생각이 깊어 친구처럼 대화도 잘 통했지. 학교에서 공부도 1등을 놓치지 않았고. 불안정하고 비틀린 시대를 살아간 지난 삶에서 너는 빛이었어.

네가 중학교 때 나타난 책 장사 생각나지? 도서관에 없는 책들도 돈만 내면 마음껏 빌릴 수 있었지. 하루 200원을 내고 빌려 오면 처음엔 돈이 아까워 탓하다가 어느 사이 일도 미뤄 놓고 밤새워 함께 읽곤 했었구나. 그때 우리가 본 책 중 가장 기억에 남는 것이 《바람과 함께 사라지다》였어. 엄마 혼자 낯선 세상을 버티며 우연히 도서관에서 그 책을 보게 되었지. 제목을 읽으며 흘러간 우리의 일상이 얼마나 그리웠는지 모른단다.

엄마 없이 너희들끼리 견뎌 온 시간, 언니여서 힘들었을 어떻게 위로해야 할지 모르겠어. 사회적 힐난과 가난이라는 무게에 짓눌리며 동생을 챙기고 공부도 포기하지 않은 너에게 장하다는 말밖에.

네가 있었기에 집 떠날 결심을 했어. 또 너를 믿고 아직 어린 동생도 떼어 놓을 수 있었지. 너무나 길었던 3년하고 9개월이 지나 우리가 다시 만났던 연길의 밤, 키도 많이 자랐으리라 상상했는데 헤어질 때와 별로 다르지 않아 마음이 아팠어. 괴로운 시간이 너를 짓눌러 자라지 못하게 한 것 같아 지금도 많이 미안해.

우리 함께 한국으로 향하던 길을 잊을 수 없어. 너도 마찬가지가 아닐까 생각해. 네가 어둠 속에 맨발로 넘었던 두만강변의 산길과 또 다른 국경으로 나아가던 여정은 두려움 그 자체였지. 언젠가 그때와는 다른 마음으로 우리 함께 돌아보자. 천진역이라고 기억해. 밤 12시경 도착하여 우리가 타야 할 창사행 열차가 아침에 있다는 걸 알게 되었지. 어쩔 수 없이 역전에서 밤을 새웠잖니.

당시 중국은 아시안게임을 치르며 치안을 강화하고 있던 시기였어. 경찰들이 역사 안팎에서 무시로 사람들을 단속했지. 불법자의 신분으로 중국을 가로지르는 우리는 당황할 수밖에 없었구나. 그때 네가 말했어. 서로 마주 보는 곳에 앉고 내가 경찰에 단속돼도 엄마는 동생을 데리고 피하라고…. 나는 북송되어도 혼자 엄마 찾아갈 수 있지만, 동생은 아직 어리니 엄마가 꼭 데리고 가야 한다고. 그때를 생각하면 지금도 목이 메고 가슴이 먹먹하다. 너의 절박하던 눈빛과 목소리가 들리는 것 같아서…. 위험한 순간에도 엄마와 동생을 먼저 지키려 했던 그 마음을 내 생이 다할 때까지 잊지 못할 것 같구나.

언젠가 기회가 된다면 그렇게도 무서워 떨던 역전, 그 의자를 다시 바라볼 수 있었으면 좋겠어. 그때의 감정은 어떨까? 우리 인생에 포기하고 싶은 순간이 온다면 정말 너무 힘든 시간이 오면 언제나 그날을 떠올리자. 그 순간들이 있었고 그날의 결심이 있기에 우리 딸 외국에서 누구의 지원도 없이 공부를 마칠 수 있었지.

좀 서운한 건 가족이 다시 만난 후 네가 너무 빨리 대학 기숙사로 가고 또 엄마의 반대에도 불구하고 외국으로 떠난 거야. 오매불망 그렸던 만남이 이루어진 지 얼마 되지 않아 스스로 홀로서기를 시작했지. 이제 너도 30대에 들어서고 또 가정을 이루면 다시 함께 부대낄 시간이 오지 않을지도 모르겠구나.

너의 시간을 함께할 수 없어 마음이 서운해. 솔직히 말하면 좀 슬프다. 그래도 네가 대견하고 장해. 다 자란 너에게 마음속에 있는 이야기들을 터놓은 적이 없는 것 같아 긴 편지를 써 본다. 오늘까지 넘어지지 않고 버틸 수 있었던 건 엄마여서, 기다려 주고 믿어 주는 네가 있기 때문이었어. 내 인생 가장 큰 행운은 네가 내 딸로 태어나 준 거야. 이 말 꼭 해 주고 싶어.

우리 딸 더 힘내고 앞으로의 삶이 행복하고 또 행복했으면 좋겠어. 자신이 진정으로 하고 싶은 일을 하는 사람이 되어 줘. 너는 언제나 생각이 깊고 넓게 볼 줄 아는 시각을 가지고 있어. 삶의 매 순간 너의 장점이 키가 되고 돛이 되어 세상이라는 바다를 헤쳐가게 해 줄 거라 믿는다.

언제나 너를 믿고 사랑하는 엄마가.

꽃다발

어느 날 교수님이 물었다.

"가장 기억에 남는 날은 어떤 날인가요? 기쁜 날인가요? 아니면 슬픈 날인가요?"

대부분 슬픈 날을 꼽았다. 나 역시 그랬다.

"그럼 가장 기뻤던 날은 언제인가요?"

잘 떠오르지 않는다. 곰곰이 생각해도 쉽게 답할 수 없다. 슬픔은 쉼 없이 되새김질했지만 기쁨에 대해서는 크게 염두에 두지 않았음을 불현듯 깨닫는다.

첫아이가 태어났을 때 기쁘면서도 서글펐다. 내 품에서 태어난 생명이 신기하고 소중했지만, 딸이라는 의사의 말을 듣는 순간 간신히 넘었던 산고의 악몽이 되살아났다. 여자로 태어났으니 딸도 피할 수 없는 고통을 감내해야 한다는 생각에 순수하게 기뻐할 수만 없었다.

삶의 순간을 더듬는다. 연길에서 두 딸을 만났던 순간이 떠오른다. 기쁘기도 했지만, 숨 막히게 긴장되었다. 앞에 놓인 한국으로의 긴 여정에 대한 불안이다. 간절했던 만남의 기쁨마저 느끼지 못할 만큼 긴장과 두려움에 떨었다.

돌이켜 보니 기쁨에 취할 수 있었던 날을 떠올리기 쉽지 않다. 그래야만 하는 줄 알고 주어진 운명에 순종했다. 사회의 의지에 따라 공부하고 보내진 일터에서 일했다. 삶의 징검다리처럼 놓인 결혼, 자녀 양육, 죽을 만큼 사랑해서 한 결혼은 아니었지만, 의무를 다하려 애썼다.

다른 삶을 상상하지 못했다. 다른 선택이 있다는 걸 잊고 살았고 학습하지 못했다. 국가가 놓아 버린 생존권 앞에서 남편의 도움 없이 가족이라는 무거운 짐을 지고 살아온 30대, 새로운 세상을 보려고 기를 썼던 40대가 눈앞에 엇갈린다.

온전히 기쁜 날이 어디에 있는지 곰곰이 돌아본다. 맏딸은 어릴 적부터 공부를 잘했다. 2학년이 되자 담임 선생님이 수업이 끝나면 개별 교육을 했다. 아이는 시골길에 어둠이 내리면 혼자 10리가 넘는 들길을 타박타박 걸어 집으로 돌아왔다.

그 시절은 북한이 '고난의 행군'을 벌이던 시절이다, 누구나 하루 밥벌이에 미쳤다. 미치지 않고 살 수 없었다. 날마다 일에 지쳤지만, 저녁이 오고 밤이 마을을 감싸는 시간이면 딸애 마중을 나갔다. 그 시간만은 순수한 기쁨이 가슴을 채웠다. 온갖 걱정, 미움을 잊고 우리 둘만의 세상에 빠졌다.

한국에서 가장 기쁜 날은 둘째 딸이 대학교를 졸업한 날이다. 어렸을 적 나와 떨어져 북한에서 제대로 학교에 다니지 못했다. 남쪽에서 검정고시로 고등학교를 졸업했다. 대학교에 들어가 일반 아이들과 다름없이 공부를 마친 기특한 딸이다. 비록 명문은 아니지만, 명문에 비할 수 없이 대견하다.

고르고 고른 꽃다발을 들고 학교로 향할 때의 감동이 지금도 오롯하다. 어쩌다 신은 굽 높은 신발로 오르막 교정을 걷던 부자연스러운 느낌마저 즐거움으로 남았다. 함께 사진을 찍고 다시 지우고, 자세가 어색하여 몇 번이고 보며 웃었다. 졸업식이 끝나 돌아오던 차 안에 꽉 찼던 꽃향기가 축복처럼 기억된다. 그날이 한국에서 마음껏 웃었던 하루다.

누군가를, 무언가를 기다린다는 건 즐거운 추억이다. 중국에서 남편과 아들이 한국에 도착하던 날, 인천공항의 기다림도 있다. 승객이 쏟아지고 출구가 한산해지도록 아들과 남편은 보이지 않았다. 혹 비행기를 잘못 타 다른 곳으로 간 건 아닌가 싶어 중국 전화로 서울발 여객기에 올랐다는 확인도 했다.

점점 마음이 불안해질 무렵, 까맣게 탄 자그마한 아이를 팔에 안고 역시 꺼뭇꺼뭇한 얼굴의 이방인이 두리번거리며 출구를 나왔다. 다른 사람에게는 무심히 지나칠 외국인이지만 나에게만은 잊은 적 없는 모습이다.

떠난다는 말조차 하지 못하고 한국 길에 오르던 날, 문을 나서며 다짐했다. 내가 숨 쉬는 한 다시 너를 안고 엄마 구실을 하겠다고….
살아온 날들에 그 다짐을 잊은 적이 없다. 대한민국의 하늘 아래 어린 아들과 만난 순간이 나에게는 감격이다.

아직은 엄마가 낯설어 아빠에게 꼭 안겨 있는 아들 앞에 그늘 없이 웃을 수 있었던 순간이 인생의 가장 기뻤던 날이 아닐까. 이날은 북한에서, 한국에서, 중국에서 헤어졌던 우리 가족이 모두 모인 내 생애 기적이 이루어진 날이다.

인생의 기쁜 순간에 대한 추억으로 새삼 깨달았다. 삶에서 가족의 존재가 더 크게 다가온다. 가족이 없었다면, 나는 목적 없이 떠가는 배처럼 시간 속에 떠밀려 살았을 것이다. 가족은 세월의 바다에서 내 삶을 결정하는 목표이고 방향키이기도 하다.

결혼식을 앞두고

웨딩 촬영 사진을 보고 있으니 언제 이렇게 커서 숙녀가 되었을까 나도 모르게 눈물이 흐르는구나. 멀리 가는 게 아니고 얼마든지 볼 수 있고 전화도 할 수 있다는 걸 아는데 마음이 이상해. 한집에 살면서 편지를 쓴다는 게 조금은 어색하지만, 오늘은 펜을 들고 싶구나.

무슨 말부터 어떻게 해야 할지 모르겠어. 내 마음속에 자리한 너는 아직 어린데. 여전히 사랑스럽고 귀엽고 어리광이 넘치는데… 어느덧 자라 성인이 되었구나. 언제까지라도 함께 할 줄 알았어. 네가 떠난다고 생각하니 가슴 한쪽이 텅 빈 것 같이 허전해진다.

네가 있어 든든했단다. 힘들고 어려운 일, 외롭고 슬픈 일이 있어도 너의 맑은 눈길 앞에 용기가 생겼어. 어떤 결정을 하든지 엄마를 믿어 주었기에 무거운 짐을 맡기기도 했지. 매일 저녁 어린이집을 오가며 동생을 데려오고 끼니를 돌봐 준 건 너였어. 그때는 가족이기에 서로 도와야 한다고 당연하게만 여겼지. 너에게도 고충이 많았다는 걸 몰라주었구나.

많은 시간이 지났지만 고맙다는 말 꼭 하고 싶어. 우리 가족 중에서 엄마의 일등공신은 언제나 너야. 아직 못 해 준 게 많은데, 이제 엄마에게도 여유란 게 생겼는데 훌쩍 떠난다고 생각하니 마음을 종잡을 수가 없구나. 계속 곁에서 함께 하고 싶은 건 엄마의 욕심이겠지?

네가 대학교 1학년 때 일이 생각난다. 어느 날 밤 사물함 열쇠를 집에 두고 출근했어. 다시 돌아가지도 못하고 너에게 가져다 줄 수 없냐고 전화했지. 얼마 후 혹처럼 어린 동생을 업고 친구와 함께 온 걸 보고 마음이 짠하더구나. 어디도 의지할 데 없지만 그래도 똘똘 뭉쳐 살아가는 우리 가족이 장했어.

다시 만난 너에게 어떻게 동생 이야기를 꺼내야 할지 몰라 횡설수설하는 내 손을 꼭 잡고 "엄마 괜찮아요. 난 다 받아들일 수 있어요." 하고 말해 준 그 날도 고마워. 돌아보니 넌 누구보다 엄마 마음을 잘 헤아려 준 사려 깊은 딸이었어. 가끔 생각도 못 한 깜짝 선물로 엄마에게 감동을 준 일도 많았지. 그런 순간의 기쁨들이 지금도 마음속에 차곡차곡 쌓여 있어.

너에게 지나온 순간들에 다하지 못했던 말, 미안하다는 말도 오늘은 하고 싶어. 엄마가 갑자기 떠나버린 그 날, 세상이 캄캄해졌다는 말을 듣고 정말 먹먹했어. 그 순간 차마 미안하다는 말조차 할 수 없었어. 무슨 말로도 그 상처를 씻을 순 없겠지만 사랑해서 떠나야 했던 엄마의 고뇌를 이해해 주면 좋겠구나.

엄마 홀로 지내던 시간엔 언제나 네 생각을 제일 많이 했어. 언니한테는 엄마가 중국으로 떠난다고 이야기라도 했지만, 너무 어렸던 너에게는 말을 꺼내지 못했지. 그때 언니가 장하게도 "나는 혼자서도 지낼 수 있지만, 동생은 데리고 가 줘요." 하고 말했구나.

사실 집을 떠날 땐 오늘 밤 어떤 일이 기다릴지 모르는 불안하고 위험한 곳으로 어린 너를 데리고 갈 수 없다는 생각만 가득했어. 할아버지 할머니와 있으면 안전하다고. 그러나 헤어져 보내는 시간이 길어질수록 후회가 커져 갔어. 함께 떠났더라면 어땠을까 그려 봤지. 당시에는 그렇게 오랜 시간 우리가 만나지 못할 걸 예상조차 못 했으니까.

혼자 버티던 시간에 너는 언제나 나를 일으켜 주는 힘이었어. 9살 네가 어른 자전거를 타고 선 채로 페달을 밟으며 쌩쌩 달리던 모습이 눈에 선했지. 멀리서도 눈을 사로잡을 만큼 우리 딸은 예뻤어, 아침마다 긴 머리를 헝클어뜨리며 학교 가기 싫다고 온갖 변명을 늘어놓다 혼도 많이 났지. 6살이 되니 언니 옷은 더 못 입는다고 생떼를 써 엄마가 항복했던 일도 생각났어. 그런 일상의 추억을 되새기며 하루빨리 너를 만나기 위해 어떻게 해야 할까 고심했단다.

한번은 시장에 따라온 너에게 아이스크림을 사 줬던 일 아직 기억하니? 그 순간 어디선가 달려온 키가 껑충한 꽃제비가 손에서 낚아채어 한입에 삼켜 버렸어. 똑바로 쥐지 못 했냐고 너를 나무라며 다시 사 주지도 않고 돌아섰구나. 울먹이며 뒤를 쫓던 모습이 지워지지 않고 남아 가슴을 허비고 후회가 따랐단다. 왜 같이 데리고 떠나지 않았는지, 그 순간을 원망했어. 너를 위한 최선이라 생각했지만 긴 기다림은 너무 큰 시련이었어.

그 시절 헤어질 때 네 모습만 기억하며 마음에 드는 옷이 있으면 하나씩 사 모았어. 너에게 입혀 볼 생각에 잠시라도 행복했지. 네가 너무 그리워 비슷한 모습이라도 보면 좀 마음이 나아질 것 같았어. 궁리 끝에 초등학교 앞에서 기다렸어.

공부가 끝나 키가 비슷한 또래 아이들이 몰려오자 가슴에서 후두두 소리가 났어. 머리를 너처럼 높이 묶은 날씬한 자태를 보았어. 앞을 스쳐간 뒤 모습을 오래도록 바라봤지. 그런데 그거 아니? 세상에는 뒷모습조차 비슷한 애가 없더라. 정말로 사람은 세상에 하나뿐이구나 곱씹으며 낯선 시골길 울퉁불퉁한 아스팔트 위에 회한의 눈물을 뿌렸어. 그 메마르고 쓸쓸하던 잿빛의 시골길에 배인 눈물을 씻고 싶어 몇 년 전 너와 함께 그곳을 찾았던 것인지도 모르겠어.

우리가 다시 만난 연길의 밤도 어제 일 같구나. 그날은 엄마의 일생에서 가장 큰 소원을 이룬 날이었단다. 헤어질 때의 작고 여렸던 모습만 그리다 성큼 커진 너를 만나 얼마나 놀랐는지. 엄마 키만큼 자란 너를 보며 만져 보고 목소리를 들으면서도 믿기지 않았구나.

언니가 먼저 화장실에 갔는데 엄마를 불렀어. 물 내리는 버튼을 못 찾았던 거지. 엄마 옷자락을 잡고 따라온 네가 버튼을 찾아냈어. 너는 역시 재치 있고 관찰력도 있다는 걸 다시 느꼈단다. 너는 늘 그랬어. 가르쳐 주지 않아도 스스로 알았고 필요한 걸 말하지 않아도 알아서 해주는 아이였단다.

언니보다 먼저 대학을 졸업하고 사회생활도 똑 부러지게 잘하는 딸, 그래서 더 서운한 건 엄마의 이기심이겠지. 그래도 남자 친구와 행복해 하는 걸 보면 기쁘기도 해. 그 친구로 인해 세상이 살만하다고 느껴진다면 그거로 된 거야. 이제 마음속 상처는 모두 잊고 더 많이 웃었으면 좋겠어.

앞으로도 언제나 엄마가 너를 지지하고 어떤 일이 있어도 무조건 네 편이라는 거 잊지 말아 줘. 네가 언제나 엄마를 믿어 준 것처럼.

결혼하는 우리 딸을 축복하며. 엄마가.

제7부

멈출 수 없는 이유

멈출 수 없는 이유

지나온 날들을 돌아보며 삶의 목적이 무엇인지 생각한다. 내 삶의 목적은 평범하고 평화로운 삶 속에서 좋은 아내로 엄마로 사는 것이다. 그것을 위해 희생과 헌신을 다했고 나름대로 오늘을 일구어 냈다. '고난의 행군'이라는 불행한 시대를 너머 기존 질서의 붕괴 속에서 살아남았다. 묵묵히 버텨 온 날들 속에서 부딪히고 떠밀리며 잠재해 있던 능력을 발견했다.

살아남겠다는 각오와 책임감은 능력 이상의 힘을 낸다. 이런저런 장사에 지쳐 갈 무렵 궐련을 만들었다. 술도, 과자도 사탕도 개인이 만들어 내던 세상에 담배를 만들어 낸다는 건 새롭지도 않다.

담배는 식량 못지않게 중요한 기호품이다. 공장에서는 필터가 달리지 않은 담배를 생산했다. 개인은 한 걸음 더 나가 필터가 달린 담배를 만들어 냈다. 뒤죽박죽 엉킨 세상에서 개인이 공장 담배보다 진보된 것을 만들려고 했는지, 아니면 단순히 팔기 위한 상품을 만들어 내야 한다는 절박감이었는지 모르지만, 궐련은 겉멋을 내야 하는 사람들의 욕구와 얽혔다.

담배를 만드는 재료는 여러 가지다. 그 수많은 재료를 사고 최대한 상품과 비슷하게 만들어 내기 위하여 열과 성을 다하는 시간이 흐르자 돈이 보였다. 돈이 모이고 그 흐름을 따라가니 노동력을 고용하면 더 많은 부를 창출할 수 있다는 걸 알아 갔다.

자본주의 사회를 살아가는 사람이라면 노동과 자본 그리고 시간에 대하여 자연스럽게 배운다. 그러나 나는 그러한 배움을 거치지 못했다. 가족을 지키기 위한 날들에 깃든 몸의 체득은 배움과는 다른 경험이다. 고난의 삶을 통하여 스스로 찾아낸 발견은 자본 사회를 보는 눈을 가지게 했다. 훗날 중국에서 그리고 다시 한국에 정착할 때 이러한 자본에 대한 작은 이해는 현실을 보는 직관을 키워 주었다. 또한, 자본주의 세계관을 세우고 사회에 적응하는 데 도움을 주었다.

돈은 나에게 경멸의 대상이었다. 노동자로 국가의 배급에만 의지하고 살며 주는 대로 급여를 받았다. 잘 살아야 한다는 욕심도 없었다. 그러나 굶주린 시절이 도래하자 돈은 가족이 살아남기 위하여 절대적으로 필요했다.

돈을 혐오하던 가치관이 돈의 소중함을 알았고 그로부터 파생되는 힘의 원리를 알아 갔다. 돈은 욕심 많고 착취 본성을 지닌 유산계급의 독점물에서 인생을 살아감에 없어서는 안 될 중요한 가치가 되었다. 돈은 노동력을 교환하는 것만이 아닌 다른 노동력을 이용할 때 그 증식 속도가 비할 수 없이 빠르다는 것을 체득하게 했다.

삶은 어느 사회에서나 권력과 이어져 있다. 북한에서 자본보다 상위의 개념이 권력이다. 권력은 성분과 토대라는 굳건한 성벽으로 둘러싸여 선택받은 자들의 것이었다. 권력은 돈은 있어도 없어도 된다는 통념이 사회를 지배하도록 유도했다. 절대다수의 근로 대중이 본능적 욕망마저도 버리길 강요당했다. 권력은 자본을 하수인으로 부릴 수 있었다. 그러나 '고난의 행군'이라는 최악의 굶주림은 돈으로 권력을 살 수 있다는 걸 보여 주었다. 성분과 토대의 성벽 밖에 있던 나도 돈으로 기죽지 않고 아이들을 키우려고 안간힘을 썼다.

살아지는 대로 사는 것도 삶이고 기를 쓰며 뭔가를 가지려고 해도 한세상이다. 왜 가지려고 발버둥 치는가? 인간의 이기심과 욕심 때문인가? 지금 돌아보니 이러한 의문이 들지만, 그때는 이런 의문이나 생각을 해 볼 여유가 없었다. 자식으로서, 아내로서, 언젠가부터는 부모로서 자신의 책임과 도리를 다하려 매 순간 분투했다.

살려고 기를 썼다. 첫 시절엔 지긋지긋한 가난에서 벗어나려 돈을 벌어야 했고 그 후에는 아이들에게 좋은 음식을 먹이고 입혀야 했다. 또 한 가지 사회에 당당해지려면 돈이 있어야 했다. 돈은 살아가는 데 중요한 도구가 되어 시대의 흐름에 편승하게 했다.

기울어진 난파선에서 배를 갈아타는 건 본능적 욕구가 아닐까. 비틀린 시대 속에 혼신으로 이뤘던 삶을 버렸다. 새로운 세상을 보려고 반기지 않는 남의 나라 땅에서 도피자의 삶을 살았다. 새로운 세상에 대한 갈망은 그리도 애써 지키려던 내 집, 내 아이들마저 품에서 떼어 놓으리만큼 강렬했다. 그러나 희망을 품고 떠난 길에서 무엇을 했던가?

봄이면 아득한 밭에서 호미로 김을 맸다. 가을에는 옥수수를 거두고 대를 묶어 겨울 땔감으로 사용했다. 신문지로 벽을 바른 부엌은 옥수수 짚이 타면서 올라오는 검댕이로 거뭇거뭇하다. 불을 밀어 넣을 땐 먼지를 피해 작은 사각 수건으로 머리를 감쌌다.

북쪽에서도 보지 못했던 전형적인 시골집의 풍경이다. 혼자 있는 시간이면 자신에게 물었다. 내 인생의 목적은 무엇이고 왜 여기에 있는가? 진정 바라는 것은 무엇이며 현재의 선택은 옳은 것인가? 왜 소중한 아이들과 부모님이 계신 집을 떠나 이역 땅에서 이름까지 바꾸고 쫓기는가? 오늘의 현실이 내가 꿈꾸던 삶인가?

아이들에게 새로운 세상을 보여 주고 싶었다. 사람처럼 살아 보자 그리도 무서웠던 반역자의 죄명을 등에 업고 두만강을 건넜다. 중국에서의 수난을 감수했고 동경하면서도 두려워했던 한국으로 수만 리를 에돌아 찾아왔다.

좋은 아내가 되고자 중국인 남편을 다시 찾아 가정을 이뤘고 천신만고 끝에 북한에서 아이들을 탈출시켜 지금은 우리 가족 모두 한강변의 아파트에서 살고 있다. 이제 내려놓아도 되지 않을까? 지금에 만족하며 매일매일에 감사하며 살아도 되지 않을까? 하지만 아직은 아니라는 소리가 어디선가 들린다.

나의 목적은 어제도 오늘도 똑같다. 지금도 내 삶의 목적은 좋은 엄마와 아내로 평화롭게 사는 것이다. 그것을 위해 오늘도 일한다. 생각하고 도전하고 또 무엇인가를 새로 시작하며 열과 성을 다한다. 지난날의 바람을 이루었지만, 현재 너머 미래의 삶은 아직 미지수이기 때문이다.

글과 나

글은 나에게 꿈이다. 언제나 먼 곳의 신기루였고 지금은 조금 가까워진 무지개다. 꿈은 깨면 아쉽다. 늘 꿈속에 살고 싶은 게 소망이지만 이룰 수 없어 또한 꿈이다. 나에게는 글이 그렇다. 쓰고 싶으나 마음에 가득한 생각을 글로 표현하기 어렵다. 정작 펜을 들면 엉성하고 한심한, 어이없는 글들이 이리저리 날아다닌다.

꿈은 늘 먼 곳에서 아름답게 빛났다. 손짓하며 유혹했다. 때로는 일이 바빴고 아이들밖에 보이지 않았다. 엄마의 삶으로도 벅찼다. 아이들은 자라면서 새처럼 날개를 가다듬었다. 그리고 세상을 날기 시작한다. 엄마가 세상이던 시절을 넘어 새로운 창공을 알아 간다.

가슴이 공허해진다. 아이들이 날갯짓을 연습하자 자신을 돌아본다. 빈 둥지 증후군이 오기 전에 허전한 가슴에 무언가를 채워야 했다. 미뤄 놓기만 꿈이 꿈틀거린다. 읽기만 하던 글줄을 보며 내 감정과 생각을 남기고 싶은 충동을 받는다. 삶에 쫓기던 순간에도 손에서 놓은 적 없는 글줄이 읽지만 말고 써 보라고 속삭인다.

이미 늦은 건 아닐까? 아는 게 너무 없는데, 여러 가지 생각이 발목을 잡지만 그래도 쓰고 싶다. 지나온 기억과 이제는 희미해진 흔적들, 지키거나 놓으려고 몸부림쳤던 숱한 애환을 나의 문체로 써 보고 싶다.

맹목적으로 삶에 충실했던 순간과 기억을 돌아본다. 그때 느꼈던 감정을 가만히 만져 본다. 아쉽다. 삶의 순간을 이분법으로 양단하던 지난날이 슬프다. 나와 같이 선택을 모르고 인내의 용기만을 배운 이들에게 다른 길을 보여 주고 싶다. 나의 이야기, 돌아갈 고향을 잃은 우리의 이야기를 아이들에게 들려주고 싶다. 그것을 가장 사랑하는 이들에게 유산으로 남기고 싶다.

글은 나에게 힘이다. 더듬으며 한자씩 그림책을 읽던 날 너무도 신기한 글의 매력에 푹 빠졌다. 내가 모르는 낯선 세계, 상상도 못 했던 사건들, 멀리 다른 세상의 모습을 영화보다 더 상세히 보여주는 것이 글이다. 자라면서 그 매력에 더욱 빠졌다. 가 보지 못한 유럽의 중세와 현대, 바라보기도 벅찬 대문호들의 글도 있었다. 이야기 주인공에 빙의하여 때로는 안타까웠고 현실이 몽롱해 보이기도 했다. 책 속의 의인은 아득하고 나의 시대는 전혀 다른 삶을 추구했다. 태어날 때부터 정해져 있는 운명에 실망했다.

많은 사람의 삶과 지혜는 경험이라는 단어에 녹아 어려운 순간 나를 깨운다. 익힌 지 얼마 되지 않은 외국어는 감추고 싶은 나를 더 크게 사람들의 시선 앞에 떠민다. 그러나 글은 나를 감추어 준다. 서툰 발음으로 의심의 눈초리를 받지 않게 해 준다. 글을 알면 낯선 곳도 두렵지 않다. 묻지 않고 자연스럽게 길을 찾아 세상에 스며 자신감을 가질 수 있다. 글이 있어 외롭고 고독한 시간과 캄캄했던 삶의 터널을 넘을 수 있었다.

글은 또한 나에게 스승이다. 어리석음을 깨워 주고 부끄러움을 알게 한다. 글은 바른 품성을 가진 선한 인간이 되라 일러 준다. 어떤 경우에도 신뢰를 무너뜨리지 말며 뱉은 말은 지켜야 한다는 나름의 철칙을 가지게 한다. 죽을 만큼 괴로운 순간에도 글줄 위를 달리면 마음이 안정되고 살아갈 용기를 얻는다.

세월이 흘러 나를 키워준 부모님은 나의 부양에 기댄다. 부모님의 노후와 아이들의 미래, 책임은 커져만 갔다. 험한 세월을 살아가려 악착같이 내 것에 집착했다.

그러나 나의 울타리는 세상의 풍파에 너무도 덧없었다. 시대가 몰고 온 허리케인이 휩쓸자 삶이 송두리째 흔들렸다. 가족의 목숨을 지켜야 한다는 압박감에 신음했다. 어떤 불법과 위협도 가족의 생존보다는 중요치 않았다. 그러자 다른 세상이 보였다.

국경을 넘은 나는 빈손이다. 낯선 세상은 자본주의라는 빛나는 신

세계를 조명하며 나를 비웃었다. 단 하나 내 편은 엄혹한 환경에 내재되었던 경험과 자본주의에서 살던 사람들의 이야기뿐이었다. 이야기는 누군가의 경험을 기억하게 한다. 그것은 새로운 세상에서 소중한 자산이 되었다.

경험은 다른 세상의 글을 배우게 하였고 세상을 바라볼 안목을 주었다. 중세와 현세를 오가는 많은 이야기는 지혜가 되어 무에서 유를 만들어 내게 하였다. 세상은 바뀌어도 사람은 바뀌지 않는다. 지난날에 형성된 인성, 용기, 삶에 대한 도전과 끈기는 오롯이 잠재력이 되어 주었다.

글은 둘도 없는 친구다. 삶에 쫓기며 인간관계가 서툴다. 먼저 전화를 하거나 친구의 근심과 걱정을 알아서 나눌 만큼 자상하지도 않다. 그래서 많은 사람과의 다양한 관계보다는 한두 사람과의 오랜 관계를 좋아한다. 시간이 가도 변하지 않고 시기하지 않고 언제나 싫증 내지 않는 친구, 그것이 글이다.

삶에 지치거나 잊고 싶은 순간이 오면 글줄에 숨는다. 고뇌와 분노 좌절을 잊기 위해 글줄에 몰두한다. 책 속의 주인공을 바라보며 그들의 고군분투와 영광된 희생에 고무되기도 하고 위로받기도 한다. '이 또한 지나가리라'가 시대를 넘어 명언이 된 것은 주저앉고 싶은 순간을 견디게 해 주는 힘이 있기 때문이다.

글은 경험을 돌이키고 생각하고 해석하여 재창조하고 실천할 수 있게 한다. 글은 존재를 부각하고 발전시킨다. 오류를 정정하고 실패에서 해결책을 찾게 한다. 글이 아니라면 자신에 대하여 진지하게 생각할 힘을 기를 수 없었을 것이다. 나의 기억과 표현이 이 시대를 살아가는 인간의 기억이라는 것을 잊고 살았을 것이다.

글은 늘 가까이 있다. 손을 뻗으면 닿는 곳, 무엇에도 구애받지 않는 자리에서 마주 본다. 잘했다고 칭찬하지도 않지만 못났다고 버리지도 않는다. 때로 스승이 되고 때로 친구가 되고 때로 나를 위대하게도, 초라하게도 만든다. 그러나 나는 그 글마저 버릴 수 없다. 네가 좋다. 너로 바라보고 표현하는 내가 좋다. 나도 모르는 모습을 볼 수 있고 바라는 인간상을 그릴 수도 있고, 울퉁불퉁 못났지만 솔직한 네가 있어 오늘도 한 걸음 앞으로 간다.

크리스마스

경쾌하고 즐거운 이 선율을 처음 들어본 것이 아마 중학교 1학년 즈음으로 기억된다. 새로 인기리에 방영되는 〈이름 없는 영웅들〉이라는 영화에서다. 영화에서는 크리스마스 날 음악을 배경으로 외국인들이 즐겁게 춤을 춘다. 어린 우리가 볼 때 이해할 수 없는 원수들의 축제였다.

크리스마스가 우리의 명절 같은 것인가 생각했다. 그래도 한번 들으면 뇌리에 꽂히는 가볍고 발랄한 음악은 금세 아이들의 콧노래가 되었다. 감성이라고는 약에 쓰려 해도 없는 아버지까지 노래를 알게 되었다. 그렇게 크리스마스 선율이 머리에 남았다.

수십 년이 흘러 상상도 못 했던 나라에 살게 되었다. 해마다 한 해가 갈 즈음이면 크리스마스가 다가온다. 거리엔 작은 전등이 올망졸망 매달린 예쁜 트리들이 생겨난다. 길가의 가로수가 반짝이는 별들의 축제장이 된다. 밤의 장막은 빛의 무대를 품는다. 어둠은 화려한 불빛의 향연에 묻힌다, 부드럽고 감미로운 빛 속을 연인들이 거닌다. 구김살 모르는 아이들의 웃음이 거리를 울린다.

또 한 해 추억을 새기는 사람들의 발걸음이 바쁘다. 마음이 즐거워지는 귀 익은 팝송이 들려온다. 빨간 모자의 산타할아버지가 아이들의 꿈과 소원을 들어주려 썰매를 타고 달리는 소리다. 보이지 않게 굴뚝으로 들어온 산타할아버지가 어떤 선물을 줄까. 아이들은 저마다의 꿈을 그리며 잠든다. 아이는 커서 크리스마스 선물의 비밀을 알게 되지만 추억은 언제까지 소중하다.

내가 살던 세상은 그 꿈 너머에 있었다. 그곳에는 크리스마스트리도 성탄절도 없다. 종교도 없다. 사람들은 수령을 믿고 살아간다. 그런데 정작 수령은 배고파 죽어 가는 인민을 알지 못한다. 그 외면의 덕분에 이 땅에 산다. 북쪽에서 어린 시절을 보낸 두 딸에겐 놀이를 위한 명절이나 선물이 기억에 없다. 그들의 지난날을 보상하는 마음으로 달콤한 케이크를 고른다.

귓가를 스치는 크리스마스 노래 선율이 감미롭다. 신비로운 외국 음악은 이제 귀 익은 노래다. 그래도 들을 때마다 통통 튀는 기쁨과 명절 기분을 선물해 준다. 기분 좋은 음악엔 마음을 들뜨게 하는 힘이 있다. 선물을 기대하는 아이와 함께 기다림의 즐거움을 누린다.

고향에서도 오늘은 노래를 부른다. 이날은 '조선의 어머니'를 기념하여 노래 모임을 한다. 아이들은 학교에서, 어른들은 그들대로, 심지어 직장이 없는 여성들까지 예외는 없다. 위대한 수령의 혁명 동지이고 다음 세대의 수령을 낳은 김정숙 어머님의 탄생일을 기념하는 날이기 때문이다. 모두 혁명가요를 연습하고 노래 경연을 한다.

한 하늘 아래 북쪽도 남쪽도 같이 기념하는 날이다. 의미도 형식도 다르지만, 똑같이 기념하는 건 틀림없다. 땅에 그어진 철책을 따라 영역을 살아가는 사람들의 삶이 달라진다. 언제부터, 아니 언제까지 달라져야 하는지 누구에게 물어야 할까? 저쪽과 이쪽을 살아본 나는 어떤 대답을 해야 할까? 오늘도 어김없이 이날을 기념하여 노래를 부를 가족들의 얼굴이 떠오른다.

전 세계 인구 중 절반이 애정과 사랑으로 미소 짓는 이날, 고향의 가족들과 오늘의 추억을 함께하고 싶다. 크리스마스 노래가 고향 거리에 흐르는 날을 꿈꾼다. 그 거리를 걷는 미래의 내 모습을 그려본다.

주말 보내기

금요일은 퇴근길이 즐겁다. 내일의 일탈에 대한 기대감이다. 무엇을 할까. 쇼핑을 하고 한 주일 미뤄 두었던 집안일도 해야지. 반찬도 만들어야 하고 세탁기와 건조기도 돌리고 집 청소도 해야겠다. 느긋한 아침 시간을 즐기고 늦은 밤까지 수다도 떨 수 있다는 생각에 마음이 술술 풀어진다.

밤 산책할 여유도 생긴다. 호수 공원의 야경을 구경해 볼까? 아무리 늦은 시간이어도 마음을 열고 즐길 수 있는 금요일의 밤, 아직 토요일과 일요일이 있어 늦은 시간의 일탈도 계획한다.

토요일은 아직 한가하다. 일요일이 남아 있어 TV 채널을 돌리며 여유를 만끽한다. 이 밤의 시간을 멋대로 질러도 아직 기다릴 내일이 있는 직장인의 만족감이다. 한낮의 활기가 깊어 가는 밤에 묻히고 열어 놓은 창으로 시원한 공기가 밀려온다. 초저녁의 습기를 머금은 더운 바람은 어디로 갔을까. 머리 위로 흘러드는 신선한 공기와 푸르스름한 달빛이 방안을 부드럽게 감싼다. 고즈넉한 세계에 나만이 살아 있다. 세상은 모두 잠들었다. 어느 동화에 나오는 잠자는 공주의 성이라도 된 듯하다.

온 세상이 잠든 순간, 풀벌레 소리만이 정적 속에 밤을 흔든다. 낮에는 온갖 음향에 묻혔던 찌르레기의 울음소리가 들린다. 고층이어선지 울음소리가 가늘다. 찌르레기마저 밤의 평화를 찢기 두려운 것일까. 이 밤이 지나면 지금의 고요는 간곳없고 하루는 또 팽팽하게 돌아가리라. 쉬어야 한다는 강박에 쫓기지 않고 밤의 적막에 빠진다.

밤의 세계에서 내일을 그려 본다. 느지막이 아침을 열고 좋아하는 책을 찾아 햇빛이 아롱지는 거실 창가에서 감성을 채우리라. 내 전화기는 울리지 않을 것이고, 침대에서 미적거려도 누구도 탓할 사람은 없다. 늘 느끼지만, 직장인에게 허락된 주일은 얼마나 소중한가? 일요일의 그늘 속에 숨어들고 싶다.

주말이 내게 주는 만족감을 생각해 본다. 출근이 싫어서인가? 아니다. 일은 사회적 실체로 나를 존재하게 한다. 출근의 긴장이 없다면 삶은 얼마나 지루하고 관계의 폭은 또 얼마나 좁아질 것인가. 경제적 결핍이 생기고 규칙이 무너지며 일상이 공허해질 것이다. 인간이 사회인으로서 살아가는 데 직업은 없어서는 안 될 필수 불가결의 요소다. 그런데 왜 주말이 이렇게 즐거울까.

고무줄이 계속 팽팽한 상태로 있다면 그 끝은 뻔하다. 짧은 시간 안에 역할을 다할 것이고 수명에도 영향을 미칠 것이다. 기계도 때때로 기름을 주고 부속도 교체해야 한다. 사람도 마찬가지다. 피로에 지친 육체에 생기를 채울 수 있고 일탈의 욕구를 만족시키는 시간이 필요하다. 몸이 휴식을 바라고 감정이 다른 역할을 바란다. 엄마와 주부의 역할과 나를 돌아볼 시간이 기다려진다.

어김없이 돌아와 주어지는 주말이라는 시간이 인생의 포상 같다.

그래서 금요일은 특별하다. 소소하지만 확실한 행복, 주말은 내게 소확행이다.

여행을 꿈꾸다

새해 첫날이다. 아들을 옆자리에 앉히고 동생 집으로 향했다. 그동안 멀지 않은 곳에 살면서 통화만 하고 지냈다. 새해 첫날 함께 모이기로 며칠 전부터 약속했다. 한 시간 남짓이 고속도로를 달려 도착했다.

아이들이 반갑게 달려 나온다. 급기야 집안이 흥성거리고 설 분위기에 취한다. 명절이라고 아이들이 자기들만의 특권을 주장한다. 보고 싶은 영화를 보아야 한단다. 평시 엄하게 아이들을 훈육하는 동생 부부가 오늘만은 관대해져 함께 앉아 〈나 홀로 집에 2〉를 보았다.

크리스마스를 맞아 휴가를 떠난 일가와 10살 난 케빈이 뉴욕에서 겪는 좌우충돌 이야기다. 주인공 케빈의 모습이 자못 흥미롭다. 10살 아이는 가족과 헤어져 혼자 낯선 도시에 있어도 여유롭고 당당했다. 그 다섯 배의 나이를 먹었지만 나는 아직 혼자 여행을 가 보지 못했다.

어느 날은 문득 어디론가 떠나고 싶어 가방을 들었다. 집을 나섰지만 갈 곳이 없어 버스 정류장에 앉아 시간을 죽이던 날도 있었다. 혼자만의 휴가를 그려 보지만 정작 그 낭만을 누리지 못했다.

선뜻 떠나는 일에 익숙하지 않다. 이유도 여러 가지다. 아이들 때문에, 사업 때문에, 시간이 없어서, 돈이 없어서 등등이다. 표면적 이유가 이렇지만, 깊숙이 들여다보면 떠나는 것에 두려움을 가지고 있다. 지나온 날들이 새긴 트라우마이다.

일생 두 번의 모험은 탈북과 한국으로의 길이다. 사실 처음 두 딸을 뒤에 남기고 집을 나설 때만 해도 세상의 무서움을 다 알지 못했다. 미지의 세계라 할지라도 죽을힘을 다한다면 무엇을 못 할까. 그 어떤 삶의 풍파도 북한의 굶주린 시대보다는 나을 것이라 확신했기에 고향을 등졌다.

돌아갈 곳이 없는 이방인에겐 삶이 고통이다. 어둠이 몰려오는 겨울밤, 몸 하나 누일 곳 없어 이역의 처마 밑에서 발을 굴러 본 사람은 안다. 불 밝은 창문을 바라보는 슬픔을. 쫓기고 또 쫓겨 말 한마디 통하지 않는 시골로 숨어들었다.

떠나는 고통이 아마 그때 새겨졌을 것이다. 모세를 따라나선 이스라엘 민족이 광야에서 40년을 방황하듯이 나에게도 방황의 날들은 길기만 했다. 낯선 곳에서 또 다른 곳으로 떠나야 하는 두려움은 컸다. 비록 생존을 위한 선택이었지만 말이다.

휴가와 여행에 익숙하지 않다. 여행이란 나에게 일종의 사치였다. 북쪽에선 기아가 덮쳐 앞뒤 돌아볼 여유가 없었다. 하루 거의 모든 시간을 일했고 지쳐 쓰러지는 순간까지 버텼다. 그 대가로 가족이 의식주를 걱정하지 않고 살아가는 것이 보상이었다. 그것으로 만족했다. 더 바랄 것이 없던 시절이었다.

한국에 터전을 잡고 살아가던 첫 시절도 별로 다르지 않았다. 하루에 두세 가지 일을 해야 했고 작은 집에서 큰 집으로 옮겨 오고 다시 내 집을 가지는데 인생을 쏟았다.

휴가는 멀리 있었다. 살림이 늘어 가고 아이들이 커 가고, 어느 날부터 나를 위하여 무언가를 시작했다. 대학교에 등록하고, 늦은 밤까지 새로운 지식을 배웠고 성취감에 취했다. 배움의 높은 언덕을 올랐을 때 아주 큰 새로운 세계와 너무도 작고 지친 나를 보았다. 그리고 알았다. 인생은 늘 새로운 것에 대한 도전이고 그러기 위해 내게도 휴식과 충전이 필요하다고.

휴가를 떠났다. 혼자 떠나기엔 용기가 모자랐다. 외국에서 주문은 어떻게 하고 모르는 건 누구에게 물어보나 걱정이 된 다. 단체 관광을 택했다. 여행사가 정한 길을 따라 누군가가 좋다고 한 풍경을 보고 그들이 예약해 준 음식을 먹었다. 돌아올 땐 뭔가 부족한 것 같은 아쉬움에 사로잡혔다. 곰곰이 돌아보니 남이 추천한 곳만을 찾아다녔다. 내 선택이나 감정이 아닌 타인이 정해준 틀에 나를 맞췄다.

국내 여행도 용기다. 남쪽의 이름난 유적과 항구, 역사가 살아 있는 한옥 마을, 바람에 흔들리는 대나무 숲은 언제나 보고 싶은 곳이다. 그래도 혼자 가기엔 불안하다. 새롭게 부딪힐 현실이 겁난다. 함께할 친구를 찾는다. 돌아와 경험을 되새긴다. 내 감성에 충실하기보다 함께 간 친구들과의 화합에 충실한 시간이었다. 일상의 탈피라는 목적은 달성했지만 채워지지 않은 부족함은 여전히 남았다.

케빈이 부럽다. 어린 나이에 스스로 휴가를 즐길 수 있는 그는 다른 세상의 사람이다. 케빈처럼 저런 나라에 태어났다면 나도 그럴 수 있을까. 내가 겪지 못하고 보지 못한 세상을 케빈을 통해 알게 된다.

케빈처럼 문득 낯선 도시에 혼자 있고 싶다. 나를 위한 여행을 꿈꾼다. 자신 속에 몰두하여 세상을 잊고 존재를 잊는 그런 휴가가 필요하다. 배낭 하나와 함께 마음 가는 대로 걸어 태양과 바람과 숲을 만끽하는 그런 여행 말이다,

나를 위해 존재하는 낯설고 신비로운 도시의 아침과 사막의 풍경, 그리고 수천 년의 시간을 온전히 느끼고 싶다.

혼자 산다는 것

설을 맞으며 센터 어르신들의 집을 방문한다. 오늘 독거 어르신을 찾았다. 초인종을 누르고 얼마쯤 시간이 흐르자 인기척이 들린다. 문이 열리자 등이 굽고 왜소한 어르신이 웃음을 짓고 서 있다.

작년 이맘때쯤 10년 가까이 치매를 앓고 계시던 할아버지가 돌아가셨다. 마지막을 이야기해 주셨다. 눈을 뜨고 손을 토닥여 가까이 오라기에 곁에 누웠다고 한다. 한참을 지나도 조용해서 만져 보니 싸늘하게 식었다.

"나 죽으면 어찌할꼬. 우리 한날한시에 함께 가자."라는 말을 입버릇처럼 남겼단다. 마지막 순간 홀로 남는 할머니가 걱정되셨나 보다. 혼자 계시니 우울하고 자꾸 눈물이 난다고 울먹이신다.

살아 계실 때 치매를 앓는 남편은 대소변을 가리지 못하여 할머니를 숨 막히게 했다. 기저귀를 하시고도 꼭 화장실을 고집해 속을 뒤집었다. 제발 움직이지 말고 가만 계시라 사정해도 후들거리는 몸을 끌고 일어났다. 그리도 애타고 수발이 어렵던 할아버지가 삼사일 드시지 못하고 불현듯 돌아가셨다.

"가지 말라고 해도 가는 것을," 할머니가 눈물을 보인다. 남편이 죽자 일시에 걱정도, 지겨운 치다꺼리도 없어졌다. 그런데 당신의 몸이 한없이 쇠약해졌다. 할아버지를 돌보던 요양사는 다시 할머니를 돌보게 되었다.

매일 찾아와 3시간씩 보살펴 주는 요양사 외에 아무도 찾아오지 않는다. 인기척이 그립다. 요양사가 오지 않는 주말이 이틀이 아니라 두 달처럼 느껴진단다. 어르신이 사는 빌라는 한 층에 4세대씩 6층으로 이루어진 단독이다.

집 문을 나서도 젊은 사람은 일하러 가고 주위는 늘 한산하기만 하다. 노인이라고는 3층에 사는 할아버지와 가끔 만나 인사를 나눈다. 헤어지고 집에서 커피 한잔이라도 할 걸 후회한단다. 정작 만나려 해도 만나기 쉽지 않다고 한다.

아들은 효자다. 아침저녁 전화하고 일주일에 한 번 어르신이 좋아하는 반찬을 싸 들고 온다. 회사 일로 일본에 출장이 잦다. 거기서도 매일 문안 전화를 한다. 아버지가 갑자기 돌아가시고 임종을 지키지 못한 불효를 반복하지 않으려 애쓴다.

그래도 하루의 거의 모든 시간을 혼자 계시는 할머니는 한없이 우울하다. 다리 통증으로 물리 치료를 받으려 해도 겨울 날씨는 춥고 눈이 쌓인 도로는 밖에 나가는 것을 어렵게 한다. 보조 기구를 끌고 다녀야 하는 노인에게 야트막한 언덕은 높은 산이다. 조금 삐끗하여 낙상이라도 하면 돌이킬 수 없는 결과가 온다.

할머니의 이야기를 들으며 가슴이 답답하다. 어떻게 하면 이 고독을 조금이라도 위로할 수 있을까. 괜히 아랫집 할아버지가 야속하다. 가끔이라도 이야기를 나누며 커피 한잔은 마실 수도 있는데. 그런 말을 하자 사회 복지사가 웃는다. “할아버지는 더 젊은 할머니를 찾아가셨죠.” 할 말이 없다. 쓴 웃음이 입가에 고인다.

인간은 더불어 산다. 인공 지능도 인간을 대신할 수 없다. 사람의 말소리가 그립고 마주 앉아 마시는 한잔의 차가 그립다. 물질적 삶을 보장받아도 세상과 동떨어진 공허감은 수시로 찾아온다. 함께 웃고 때로는 찡그리기도 할 친구가 필요하다.

누군가와 정을 나누며 다양한 방법으로 사회적 격리와 소외감을 해소해야 한다. 누가 그 역할을 할 것인가. 개인의 작은 선행이 필요한 세상이다. 삶에 바쁜 자녀들의 효도와 복지 제도만으로 부족하다. 늙음에 어떻게 대처할 것인가 하는 물음이 머리에서 떠나지 않는다.

일탈과 일상

울릉도에 여행을 다녀온 날로부터 한 주일이 지났다. 몸이 무겁다. 독도를 간다고 설렜던 지난 주일이 좋았다. 기다림의 즐거움이 사라지고 일탈에 대한 보상인 듯 몸이 찌뿌둥하다. 돌아오자 미뤄 놓았던 회계 업무가 기다린다. 온종일 깨알 같은 숫자를 들여다보고 퇴근하면 집안일이 내 손을 바란다. 설거지까지 하면 눕고 싶은 생각만 간절하다.

여행이라는 일탈을 반기지만 떠나 보니 강행군이다. 금요일 퇴근 후부터 토요일 밤까지 20시간 넘게 버스에서 배로, 배에서 버스로 총총히 보내고 거기에 땅을 디딘 후 산과 폭포를 보느라 바쁘다.

집단 여행의 구속감까지 더해졌다. 녹초가 되어 다음 날 다시 뱃길로 독도행, 그리고 셋째 날 울릉도를 버스로 한 바퀴 돌아보고 다시 물길로 3시간, 버스로 3시간, 집으로 돌아오는 지하철에서 1시간 이것이 여정이었다.

일상의 평온함이 지루하고 고인 물처럼 변화가 없다고 툴툴하지만, 그 익숙함을 벗어나니 몸이 먼저 아우성이다. 혼자 자유롭게 떠난 게 아닌 패키지여행은 형식에 가깝다.

여행이란 모름지기 새로운 곳을 돌아보고 새로운 경험을 쌓는 일이다. 그런데 몇 번 여행을 떠나 보니 일상보다 더 분주하다. 새로운 공간에 적응할 사이 없이 짧은 시간에 많이 보고 체험하려 한다. 전체를 보았으나 하나를 제대로 알지 못하는 걸음이다. 하나에서 전체를 보는 여행을 하고 싶다.

천성적으로 게으른 나는 여행도 내 식대로 하길 원한다. 한곳에 가서 그곳의 공기를 천천히 느끼고 맛을 음미하는 식이 좋다. 하루도 좋고 일주일도 그리고 한 달도 좋을 것이다. 디딘 땅의 역사와 풍상을 헤아리고 오늘을 사는 모습을 보고 싶다.

울릉도는 아름다운 섬이고 특히 바닷물은 환상적인 색깔로 빛났다. 시간대에 따라 보석처럼 말간 비취색과 녹색의 투명함이 어우러져 눈길을 떼지 못하게 한다. 파도가 바위에 부딪쳐 일으키는 물거품의 장엄함은 마음을 씻어 준다. 바다와 하늘이 서로 몸을 비빈다. 수평선은 하늘과 바다의 경계를 지워 버린다. 잔잔한 바닷가의 그림 같은 풍경을 바라보며 언제까지라도 머물고 싶다. 그냥 이 자연 속에 녹아 있을 순 없을까.

주어진 시간은 짧고 주위는 떠들썩하게 사진을 찍느라고 분주하다. 현대의 기록은 중요하다. 사진으로 남겨 카스에, 페북에 올리고 집에 있는 가족들에게도 전송해야 한다. 현대의 기술은 얼마나 뛰어난가. 다이아몬드처럼 반짝이는 초록색 물빛이 사진에 동영상에 살아 있다. 이 시간엔 음미보다는 아름다운 환경을 사진에 담아 고이 간직해야 하나 보다.

나는 그와 반대로 고리타분하다. 옛것을 좋아한다. 사진을 찍는 것보다는 자연에 묻혀 그 속의 소리를 들어 보는 것이 좋다. 왁자지껄한 흥겨움보다는 고요를 선호한다. 세상이 멈춘 것 같은 침묵과 대자연의 웅장함을 흠모한다. 때로는 조잘대거나 속삭이며 기다릴 줄 아는 숨결이 좋다. 수많은 것들의 화려한 반짝임보다는 세월에 변함없는 묵묵한 시간과 역사가 쌓인 공간을 보고 싶다. 삶의 온갖 음향에서 멀어져 자연 속에 묻히는 시간이야말로 진정한 일탈이 아닐까.

싫증 날 때까지 바다를 바라보고 비릿한 해풍을 즐기다 석양이 질 때 아름다운 노을을 배경으로 포구에 돌아오고 싶다. 파도에 씻겨가는 울릉도의 바위벽을 고즈넉이 바라보며 세월의 풍상에 깎이는 바위의 생각과 파도의 속삭임을 엿들을 수 있다면 좋겠다. 하루에 3천 톤의 물이 떨어진다는 봉래폭포 앞에서 지친 다리의 아픔이 아닌 자연의 웅장함에 기가 죽는 자신을 느끼고 싶다.

독도의 부서진 작은 돌 두 개를 들고 왔다. 비바람에 삭고 짠물에 절며 큰 바위는 작은 돌이 되고 숭숭 구멍이 뚫렸겠지. 돌 하나에 중첩된 수천 년의 시간을 느낀다. 이 작은 돌에도 영혼이 있을까. 이제 이 나라의 최남단, 최서단, 그리고 먼 북쪽 끝까지 돌아보고 그곳의 돌들도 하나씩 모으리라. 이름 짓기 어려운 감격과 소유욕을 느끼며 그 돌을 소중히 장식장에 올려 두었다.

일상의 소중함을 생각한다. 가끔의 일탈도 좋지만 매일의 일상이야말로 내 삶의 균형이요 익숙함이고 편안함이다. 일탈 속에 찾은 일상의 소중함을 생각하는 오늘이다.

추천사

시간의 밀도

16년 전, 자유를 찾아 두만강을 건넌 저자 앞에는 짐작도 못 한 인생 드라마 대본이 놓여 있었다. 북한에서 태어났기에 주어진 자유가 아닌, 스스로 찾아야 할 자유가 목표였고 그건 가족이라는 완성체를 이루는 하나의 조건이었다. 자유를 얻기 위해서는 죽음이라는 두려움을 넘어서야 했다. 그 이전에는 자식을 떠나야 하는 몫의 역할도 정해졌다.

엄마란 무엇인가. 대부분 세상의 엄마들은 자식을 자신의 목숨보다 소중히 여긴다. 자식을 누군가에게 맡기고 떠날 때는 비난과 원망 또한 감수해야 한다. 그뿐인가. 당사자의 애가 끊어지는 고통은 어찌할 것인가. 그런 자식과의 이별을 두 번이나 경험한 저자이다. 북한에 두 딸을 두고 두만강을 건넜을 때와 중국에 7개월 된 아들을 두고 한국행을 결심했을 때 마음이 어떠했을지 헤아리기는 쉽지 않다.

순간순간 발목을 잡은 절망의 깊이는 오히려 저자의 버팀목이 되었다. 탈북민이란 이름으로 사회에 당당히 서기까지 저자는 도전을 멈추지 않았다. 그만큼 강한 의지와 다부진 삶의 철학을 품고 있었음이다. 저자에게 이데올로기는 크게 중요한 게 아니었다. 굶주림이 없고 자신의 능력을 펼칠 수 있는 세상을 갈구했을 뿐이다. 꿈의 한

자락이라도 잡을 수 있는 길은 국경을 넘어야만 가능했다.

북한의 삶은 중국 송나라 사상가인 장자(莊子)가 말한 정저지와(井底之蛙)와 같은 것이었다. 다른 세상을 몰랐을 때 저자는 현실에 만족했고 그 안에서 뭔가를 이루려 했다. 하지만 경계 너머 큰 세계가 있다는 걸 알고부터 꿈은 바뀌었다. 우물을 박차고 뛰쳐나와야 할 명분은 점점 커져만 갔다.

하지만 거기에는 희생이 따랐고 가장 큰 고통은 엄마의 의무를 저버리는 것이었다. 그랬기에 다시 가족의 완성을 이룬 뒤에도 죄책감에서 벗어나지 못했다. 자신이 겪었던 고통보다 딸들의 가슴에 새겨진 상처를 먼저 헤아리는 어쩔 수 없는 엄마였다. 책을 쓰고 싶은 가장 큰 이유도 끝까지 좋은 엄마가 되고 싶은 갈망 때문이었다.

저자는 생명과 관련된 여러 사건을 겪었고 그 사건의 중심에서 세상을 바라보아야 했다. 사건은 뜻하지 않게 일어나는 어떤 현상을 말하지만, 시간을 재창조하는 조건이 되기도 한다. 시간이 밀도 있는 무게를 가지려면 사건을 대하고 해석하는 사람의 판단력과 통찰이 필요하다. 저자는 사건을 기회로 삼았고 현상 너머의 시간을 자신의 것으로 만들었다. 그만큼 치열하게 살아왔음을 말한다. 당연히 저자의 시간은 평온하고 안정된 것과는 거리가 멀었다. 그러함에도 시간에 끌려다니지 않고 이용할 줄 아는 지혜를 발휘했다.

저자가 국경을 넘나들며 체험한 사실들은 일반인들의 상상을 초월한다. 지나간 일은 희미해지고 더러는 잊히지만, 인생의 전환점이 된 사건은 삶에 사사건건 끼어든다. 긍정과 부정을 넘나들며 현실과의 연결 고리로 작용한다. 저자가 글을 사랑하고 쓰고 싶은 이유이기도 하다. 그런 모든 열망과 소망을 담아 고해성사하듯 쓴 책이 《엄마의 이별 방정식》이다.

이 책에는 사람이 사람답게 살아야 할 근본적인 이유가 담겨 있다. 맹목적이지 않은, 구체적이고 아름다운 희망의 씨앗이 행간을 촘촘하게 채웠다. 숨 막히는 어둠의 정적, 그 너머에서 불빛 같은 은유가 반짝거린다. 때로는 강하게 때로는 차분하게 자신만의 독특한 목소리를 담아 과거와 현재, 미래의 삶을 펼쳐 놓았다.

정이 고갈되고 메말라 가는 사회 속에서 힘들어 하는 많은 이들을 본다. 희망을 잃고 비틀거리는 타인이 어느덧 자신의 자화상으로 다가오는 세상이다. 소외된 듯 자괴감에 빠져 있거나 방향을 잡지 못해 방황할 때 책 한 권이 건네는 희망의 메시지는 얼마나 아름다운가. 《엄마의 이별 방정식》은 탈북민에게는 위로가, 그들을 잘 알지 못하는 사람들에게는 이해의 폭을 넓혀 줄 것이라 믿는다. 이 가을, 건강한 책 한 권을 자신 있게 추천하는 이유이다.

〈수필가 장미숙〉

통일부
남북통합문화센터

2022년 남북통합문화콘텐츠 창작지원 공모 선정작으로
남북통합문화센터와 남북하나재단의 지원을 받아 제작(발간)되었습니다.